AI와 사전 지식

인공지능총서

인공지능 시대입니다. 기계가 인간의 인지를 대신하고, 사물이 인간을 통하지 않고 다른 사물과 직접 커뮤니케이션합니다. 이에 따른 인간 삶과 문명 변화를 정확히 이해·예측·대응하는 것은 이 시대 우리 모두의 과제입니다. 인공지능총서는 인공지능 기술과 환경의 여러 주제를 10가지 키워드로 정리합니다. 관련 개념과 이론, 학계와 산업계의 쟁점, 우리 일상의 변화를 다룹니다. 인간과 기술의 현재, 미래를 세심히 분석합니다.

일러두기

- 인명, 작품명, 저서명, 개념어 등은 한글과 함께 괄호 안에 해당 국가의 원어를 병기했습니다.
- 외래어 표기는 현행 어문규정의 외래어표기법을 따랐습니다.

처음이세요?

전문가세요?

AI와 사전 지식

남정우

대한민국, 서울, 커뮤니케이션북스, 2025

AI와 사전 지식

지은이 남정우
펴낸이 박영률

초판 1쇄 펴낸날 2025년 7월 11일

커뮤니케이션북스(주)
출판 등록 2007년 8월 17일 제313-2007-000166호
02880 서울시 성북구 성북로 5-11
전화(02) 7474 001, 팩스(02) 736 5047
commbooks@commbooks.com
www.commbooks.com

ISBN 979-11-430-0532-8 03500

책값은 뒤표지에 표시되어 있습니다.

차례

새로운 도구

인간은 도구를 창조하고 활용하는 탁월한 능력을 갖추고 있으며, 이를 통해 물리적 한계를 극복하고 새로운 영역을 탐색해 왔다. 소프트웨어 기술이 비약적으로 발전하면서 인간은 인공지능(AI, Artificial Intelligence)이라는 새로운 도구를 손에 쥐게 되었다. 인공지능은 인간의 지능을 모방하여 인식, 판단, 추론을 통한 수행 능력과 문제 해결 능력을 구현한다. 이러한 능력을 갖춘 새로운 도구를 어떻게 활용하는 것이 좋을까?

도구는 인간의 능력을 확장하기 위해 설계된 수단이다. 도구는 인간 활동에서 생산성과 효율성을 추구하고 문제 해결 능력을 향상시키기 위해 만들어졌다. 문명이 시작된 이후로 도구는 인간 존재의 본질에 필수 요소였다(Washburn, 1960). 인간들은 스스로를 동물과 구분하기 위해 도구를 쓸 줄 아는 동물이라는 표현을 사용하기도 했다. 구체적으로 도구의 발전은 인간이 점점 더 복잡한 작업을 더 쉽고 효율적으로 수행할 수 있게 도와주었고, 이는 다른 과업을 추구할 수 있도록 시간과 자원을 해방시켰다.

도구의 창조와 활용은 인간이 자신의 물리적 한계를 극복하고 새로운 영역을 발견하려는 깊이 있는 욕망에서 비롯되었다고 한다. 그렇게 도구는 학습, 의사소통, 오락의 방식을 변화시키며 인간의 사회적 · 문화적 토대를 이루는 핵심 기반으로 자리 잡았다. 도구는 이러한 영역들과 함께 접근성과 상호 작용성이라는 새로운 차원까지 불어넣어 인간의 삶에 변화를 불러왔다(Gibson & Ingold, 1993).

인간은 돌도끼를 들어 생명을 연장하고, 망치를 들어 문명을 세웠다. 시간이 아주 많이 흐른 뒤에는 인간은 활자를 통해 의견을 모으고 함께 행동했다. 그다음에 키보드와 마우스를 통해 전 세계 사람들과 연결되어 메시지를 주고받았다. 지금 인간은 '프롬프트'를 입력한다. 우리가 손에 쥔 도구는 더 이상 물질이 아닌 언어다.

오늘날의 인공지능은 혁신과 변화의 중심에 있다. 인공지능의 등장은 세 가지 측면에서 새로움을 가져왔다. 기술적 측면에서 인공지능은 기술 혁신을 초래했다. 사회적 측면에서 인공지능은 노동 시장 변화와 교육 시스템의 변화를 초래하고 수많은 윤리적 논쟁을 촉발하고 있다. 경제적 측면에서 수익 구조 변화와 생산성 향상과 같은 최적화를 구현하고 있다. 인공지능은 수많은 변화를 예고하고 있다.

기존의 기계는 인간이 조작해야 하지만 인공지능 기반 자동화 기계는 스스로 학습하고 결정을 내릴 수 있다. 인간이 만든 도구인 기계가 점점 독립적인 존재로 변할 수 있다는 논의는 이미 시작되었다. 인공지능이 인간보다 더 나은 결정을 내릴 수 있는 상황은 우리에게 인공지능이 단순한 도구가 아니라 새로운 주체가 될 수 있는지 질문하며 철학적 답변을 요구한다.

기술 철학

현대 기술 철학(philosophy of technology)은 "기술은 도구 그 이상인가?"라는 핵심적인 물음을 던진다. 하이데거(Heidegger, 1977)는 망치를 단지 '때리는 도구'가 아니라 세계와의 관계를 드러내는 실천적 지평이라고 정의한다. 인공지능은 단순한 작업 도구가 아니라 우리의 지식 생산 방식, 시간 인식, 관계성까지 변화시킨다. 이에 따라 도구는 '사용되는 대상'이라기보다 '세계와 관계 맺는 형식'으로 진화하고 있다. 이러한 맥락에서 인공지능은 인간이 세계를 이해하는 방식 자체를 재구성하는 프레임이 될 것이다. 따라서 우리는 "기술은 도구 그 이상인가?"라는 물음에 "그렇다"라는 대답을 떠올릴 수 있다.

인공지능의 자동화는 단순한 기술적 차원을 넘어, 인간과 기술의 관계, 노동과 창조성의 의미, 자율성과 통제의 문제 같은 철학적 성찰을 유도한다. 기술이 인간의 노동을 대신하게 되면 인간은 더 자유로워지는가, 아니면 인간의 역할은 제한되는가 하는 철학적 질문이 뒤따라온다. 자동화는 단순 노동을 줄이고 창의적 활동에 집중할 기회를 줄 수 있다. 동시에 인간이 기술에 의존하여 자율성을 잃고 수동적인 존재가 될 위험도 있다. 기존의 도구들이 인간의 삶에 수많은 변화를 가져다주었던 것처럼 인공지능의 자동화는 또 다른 변화를 몰고 올 것으로 예상된다.

기술의 진화와 적용은 새로운 도구의 탄생뿐만 아니라 도구에 대한 우리의 인식 변화를 앞당기고 있다. 시몽동(Simondon, 2011)은 기술의 진화적 측면에 초점을 맞추어 단순한 도구가 아니라 복잡한 기술적 존재자로의 개체화 과정을 강조한다. 현대적으로 확장하면 인공지능이나 자동화 기술은 더 이상 사용자의 의도에 종속된 도구가 아니라 환경을 능동적으로 재구성하는 존재자로 간주될 수 있다.

핀버그(Feenberg, 2012)는 기술이 결코 중립적이지 않으며, 기술 설계와 활용에는 항상 정치적 선택이 개입한다고 주장한다. 이러한 주장은 도구가 목적을 달성하기 위한 수단이라는 전통적 정의를 넘어, 도구의 존재와 기능이 사회적 구조와 권력관계에 내재한다는 점을 환기한다.

하지만 기술이 본질적으로 중립적이지 않다는 점은 활용 방식에 따라 기술의 의미가 달라질 수 있음을 역설한다. 인공지능이 인간을 '보조하는 도구'로 남을지, '대체하는 권위'가 될지는 사회적 설계와 선택의 문제다. 기술은 용도에 따라 다르게 진화하며 인간의 의도에 의해 규정된다. 기술은 독립적인 존재론적 개체이지만 그 진화 방향은 인간과 기술과 사회 간의 상호 작용에 따라 달라진다.

인공지능과 자동화는 단순히 "기술을 이용한 작업의 자동적인 수행"을 넘어서 인간의 역할과 자유, 기술의 목적과 한계, 통제와 책임과 같은 깊은 철학적 질문을 동반한다. 인공지능이 인간을 돕는 도구로 남을 것인지, 인간을 대체하는 존재가 될 것인지는 우리가 기술을 어떻게 활용하는가에 달려 있다.

도구를 조작하기 위해서는 도구의 기능에 대한 철저

한 이해와 도구 사용을 위한 계획 및 추론 능력이 선행되어야 한다. 사용자는 내부 구조와 작동 과정을 이해함으로써 도구를 효과적으로 활용할 수 있다.

기존 연구에 따르면(Kieras & Bovair, 1984), 도구가 어떻게 작동하는지를 아는 것이 도구를 어떻게 작동시켜야 하는지를 추론할 수 있게 도와주기 때문에 사용자의 학습 및 기억 능력이 향상된다. 도구의 작동 원리를 알고 있는 사용자는 사용 절차를 더 정확하게 기억하고, 더 빠르게 수행했으며, 더 효율적인 절차를 밟았다. 심리학자들의 직관에 의하면 도구의 작동 원리를 이해하면 학습에 큰 도움이 된다. 또한 고전적인 연구들(Katona, 1940; Wertheimer, 1959)에서도 어떤 절차를 가르칠 때 그 절차에 내재된 원리를 함께 설명하면 더 잘 기억된다고 주장한다.

이 책은 새로운 도구의 기능에 대한 이해를 높임으로써 도구 사용을 위한 사용자의 계획 · 추론 능력을 향상시키고자 한다. 새로운 도구의 작동 원리를 이해하여 사용 절차를 효과적으로 학습하기 위해서는 약간의 공부가 필요해 보인다. 그렇다면 인공지능은 인간을 대신해서 생각해 주는 도구라고 할 수 있는지에 대해 짚고 넘어가는 것에서부터 시작해 보자. 인공지능은 인간의 지적 능력을 흉내 내기 때문에 인간을 대신하거나 대체할 수 있는 도구라고 생각하기 쉽다. 하지만 정확하게 말하면 인공지능은 인간의 사고를 보조하는 도구다. 인공지능은 데이터를 기반으로 최적의 결정을 내릴 수 있지만 인간처럼 감성적, 철학적 사고를 하는 것은 아니다.

다목적 도구

새로운 도구의 등장으로 우리가 혼란을 겪고 있는 이유는 이러한 도구의 목적을 명확하게 정의하지 못했기 때문이라고 가정해 볼 수 있다. 도구는 특정 문제를 해결하거나 특정 목표를 달성하기 위해 만들어진다. 이 도구가 어떤 기능을 제공하는지를 먼저 파악해야 한다. 따라서 도구의 목적을 정의해 보고자 한다. 인공지능이라는 도구를 활용하기 위해서 이렇게 시작해 보면 어떨까? 인공지능은 다목적 도구이며, 대표적으로 6가지 목적을 달성할 수 있다.

첫 번째, 인공지능은 정보 활용 도구다. 인공지능은 방대한 정보를 빠르게 처리하고, 필요한 정보를 찾거나 요약하는 역할을 한다. 현시점 생성형 인공지능은 검색 기능을 강화해 검색 엔진으로 기능하고, 문서 요약과 정보 검증을 하고 있다. 예를 들어, 연구 및 학술 분야에서는 논문 요약과 데이터 분석을 수행하고, 법률 분야에서는 판례 검색과 법률 문서 정리를 수행한다. 인공지능을 정보 활용 도구로 쓰면 인간이 더 빠르고 편리하게 지식을 습득할 수 있을 것으로 전망된다.

두 번째, 인공지능은 생산성 향상 도구다. 인공지능은 반복적인 업무를 자동화하고, 인간이 더 효율적으로 작업할 수 있도록 돕는 역할을 한다. 자동 문서 작성을 비롯하여 일정 관리, 이메일 자동 응답, 그리고 코딩 보조까지 가능하기 때문에 사무직 업무 자동화와 개발 생산성 향상에 활용될 수 있다. 인공지능을 활용하면 인간이 수행했던 반복적인 업무가 아닌 창의적인 일에 집중할 수 있을 것으로 기대된다.

세 번째, 인공지능은 창작 도구다. 인공지능은 새로운 아이디어를 창출하고, 예술, 음악, 글쓰기 등 인간의 창작 활동을 지원한다. 특히 생성형 인공지능을 중심으로 인공지능은 이미지를 생성하고 음악을 작곡하며 소설이나 기사를 쓰고 있다. 이러한 생성형 인공지능은 디자인이 필요한 다양한 분야에서 활용될 수 있으며, 인간의 창의성을 확장하는 도구가 될 수 있다.

네 번째, 인공지능은 결정 지원 도구다. 인공지능은 데이터를 분석하고 최적의 결정을 내리는 데 도움을 준다. 인공지능은 금융 관련 데이터를 분석하여 투자 예측을 하고, 의료 진단 보조로서 역할을 수행한다. 또한, 기업 경영에 있어 데이터 기반 비즈니스 의사 결정을 내리고, 경기를 분석하여 스포츠 전략을 제공하는 것도 가능하다. 인공지능이 추천해 주는 분석을 활용하면 인간이 더 나은 결정을 내릴 수 있다.

다섯 번째, 인공지능은 개인화 도구다. 인공지능은 개인 데이터를 분석하여 개인화된 경험을 제공한다. 예를 들면, 인공지능은 개인화 추천 시스템으로 활용되거나 맞춤형 교육 서비스를 제공할 수 있다. 인공지능이 개인 맞춤형으로 서비스를 제공하면 개인의 경험이 더욱 향상될 수 있을 것으로 전망된다.

여섯 번째, 인공지능은 소통 도구다. 인공지능은 인간의 언어를 이해하고 대화하는 역할을 수행하기 때문에 챗봇(Chatbot)이나 개인 가상 비서로 활용될 수 있다. 또한 고객 서비스 분야에 활발하게 적용되고 있고, 언어 학습과 심리 상담으로도 점차 확대되고 있다. 인공지능과 인간이 자연스럽게 대화할 수 있으면 더 많은 소통 기회를 만들 수 있을 것으로 기대된다.

인공지능이 어떤 도구로 가장 유용한지에 대해서 정해진 것은 없다. 인공지능이 가장 효과적으로 활용될 분야는 앞으로 계속 확장될 것으로 기대된다. 이전의 도구는 물리적 능력의 확장을 가능하게 했다면 인공지능은 인지적 능력의 확장을 가능하게 한다. 이 점에서 인공지능은 본격적으로 인간의 사고 과정에 직접 관여하여 피드백을 주고받으며 상호 작용하는 도구로 자리 잡고 있다. 이런 특성을 고려하여 사용자에게 맞는 활용법을 연구할 필요가 있다.

사용자 경험 연구의 권위자 도널드 노먼(Donald Norman)은 사용자 입장에서 기계와의 상호 작용을 이해할 수 있는 정신 모형을 강조했으며, 인간의 정신적 표상을 이해하여 기계의 작동 방식을 인간에게 맞추어 설계하고자 했다. 기계의 방식은 인간의 방식과 다르기 때문에 인간의 정신적 표상을 이해하여 인간의 방식에 맞는 방향을 추구해야 한다. AI 시스템을 경험하는 사용자들의 정신적 표상 연구가 지속되고 있다. 인간-AI 상호 작용(HAI, Human-AI interaction) 연구와 사용자 경험 연구가 사용자들에게 도움이 될 수 있기를 바란다.

현재 인류는 기술이 야기한 거대한 불확실성 앞에 서 있다. 그러나 이 첨단 기술의 본질을 이해하면 그것이 인간이 활용할 수 있는 도구라는 점을 인식할 수 있다. 거대한 불확실성을 대비하는 태도는 바로 이러한 단순함에서 출발한다. 이제 우리는 기술을 잘 활용하기 위한 준비의 여정을 시작했다.

참고문헌

Feenberg, A.(2012). *Questioning technology*. Routledge.

Gibson, K. & Ingold, T.(1993). *Tools, language and cognition in human evolution*. Cambridge University Press.

Heidegger, M.(1977). *The question concerning technology*. Harper & Row.

Katona, G.(1940). *Organizing and memorizing*. Columbia University Press

Kieras, D. & Bovair, S.(1984). The role of a mental model in learning to operate a device. *Cognitive science, 8*(3), pp.255~273.

Simondon, G.(2011). On the mode of existence of technical objects. In Mellamphy, N. et al.(trans.). *Deleuze Studies, 5*(3), pp.407~424.

Washburn, S.(1960). Tools and human evolution. *Scientific American, 203*(3), pp.62~75.

Wertheimer, M.(1959). *Productive thinking*. Harper & Row.

01
인공지능의 배경지식

인공지능의 배경지식 형성에 대한 이해가 필요하다. 기술을 단순히 사용하는 것이 아니라 그 본질과 역할을 이해하는 것이 중요하다. 인공지능과 인간의 배경지식 형성 과정에는 근본적인 차이가 있으며, 이는 각각의 강점과 한계를 결정짓는다. 인공지능을 제대로 활용하려면 기술의 구조와 원리에서 한 걸음 더 나아가 사회적 영향력까지 포괄적으로 이해해야 한다.

AI와 1인 창업?

데이터와 배경지식

인공지능은 데이터와 알고리즘을 통해 패턴을 학습하여 예측과 분류를 수행하는 시스템이다. 학습의 기초는 이미 존재하고 있는 방대한 양의 데이터다. 따라서 인공지능의 성능은 주어진 데이터에 크게 의존한다. 양질의 데이터가 제공될 때 AI는 더 정확하고 신뢰할 수 있는 결과를 도출할 수 있다. 이는 인공지능이 학습에 사용된 데이터의 품질과 범위에 직접적으로 영향을 받는다는 것을 의미한다. 그리고 인공지능은 다양한 알고리즘을 적용해 데이터를 처리하고, 이를 바탕으로 결과를 도출한다.

AI와 인간의 배경지식 형성 방식에는 중요한 차이가 있다. 특히 현재의 대규모 언어 모델(LLM, Large Language Model)은 방대한 데이터 세트에서 통계적 패턴을 분석하여 배경지식을 형성한다. 이는 데이터 내의 상관관계와 패턴을 인식하는 것에 기반하며, 실제 경험이나 이해가 없는 상태에서 정보를 처리한다. LLM이 등장하기 전에도 인공지능은 다양한 방식으로 데이터를 학습해 왔다. 초기에는 규칙 기반(rule-based) 시스템에서 출발하여 머신러닝(machine learning, 기계학습), 그리고 딥러닝(deep learning)으로 발전해 왔으며, 인공지능의 배경지식 형성 방식도 변화와 발전을 거듭했다. 반면 인간은 직접적인 경험, 감각적 인식, 논리적 추론을 통해 배경지식을 구축한다. 인간은 경험을 통해 얻은 정보를 맥락화하고, 인과 관계를 파악하며, 추상적인 개념을 형성할 수 있다.

AI와 인간의 배경지식 형성 과정에는 근본적인 차이가 있으며, 이는 각각의 강점과 한계를 결정짓는 중요한 요소다. 인간은 실제 경험과 감각을 통해 지식을 획득하지만 AI는 입력된 데이터를 통해서만 지식을 획득할 수 있다. 또한, 인간은 추상적인 개념을 형성하고 이해할 수 있지만 AI는 주로 데이터 내의 패턴에 의존한다. 인간은 상황 맥락을 깊이 이해하고 적용할 수 있지만 AI의 맥락 이해는 제한적이다. 인간은 기존 지식을 바탕으로 새로운 아이디어를 창출할 수 있지만 AI의 창의성은 학습된 패턴의 재조합에 국한된다.

AI와 인간의 차이를 이해하고 나면 AI가 잘할 수 있는 일과 인간이 잘할 수 있는 일이 다르다는 이해에 도달할 수 있다. AI와 인간의 능력 차이에 대한 논의는 지금도 진행되고 있고, 앞으로도 기술 발전과 함께 계속될 것이다. AI는 데이터를 기반으로 현재를 통계적으로 설명할 수 있다. 인간은 과거 경험에 기초한 인과 추론과 시뮬레이션을 통해 미래를 상상하는 능력을 갖고 있다고 여겨진다. 이는 현재 AI의 능력과 구분되는 특징 중 하나다. 이러한 논의를 지속하기 위해서는 먼저 AI의 작동 방식에 대한 사전 지식(prior knowledge)이 필요하다.

AI는 모델(Model)을 기반으로 작동한다. AI는 모델을 활용하여 여러 가지 일을 수행할 수 있다. 예를 들면, 인공지능은 이미지 분석, 자연어 처리(NLP, Natural Language Processing), 음성 인식, 추천, 질병 진단과 같은 일들을 수행할 수 있다. 이미지 분석을 수행함으로써 얼굴을 인식하여 아이폰(iPhone)의 잠금 해제 기능이나, 자율 주행 자동차의 도로 주행 기능을 구현할 수 있다. 또한, 자연어 처리를 활용한 챗봇은 심리 상담 및 금융 상담을 보조하는 역할을 수행할 수 있다. 그 외에도 여러 분야에서 다양한 모델의 인공지능이 활용되고 있다. 인공지능은 학습된 데이터를 기반으로 특정한 과업을 자동화하거나 예측하는 방식으로 작동한다. 표면적으로는 인간의 사고를 흉내 내는 것처럼 보이지만 그 원리는 통계적 계산에 가깝다.

모델은 인공지능 중에서도 머신러닝에서 특정한 입력 데이터를 학습하여 예측하거나 새로운 결과를 생성하는 알고리즘이나 수학적 구조를 의미한다. AI에서 모델은 데이터를 분석하고, 패턴을 학습하며, 주어진 입력에 대해 결과를 예측하는 역할을 한다. 모델 이해를 위한 주요 개념으로 입력(input), 출력(output), 훈련(training)을 꼽을 수 있다. 입력은 텍스트, 이미지, 음성 등 데이터를 말하며, 출력은 예측값 또는 생성된 결과 등을 말한다. 마지막으로 훈련이란 데이터와 알고리즘을 사용하여 패턴을 학습하는 과정을 의미한다. 이러한 개념에 기반한 AI 모델은 사전에 학습된 데이터를 바탕으로 사용자의 입력에 따라 적절한 출력을 생성하는 구조로 작동한다.

AI 모델들은 각각 다른 방식으로 데이터를 처리한다. 모델 종류로는 기계학습 모델, 딥러닝 모델 등이 있다(문성은 외, 2016). 기계학습 모델에는 숫자 데이터를 기반으로 예측하는 선형 회귀 모델(Linear Regression), 데이터를 나무 형태로 분류하는 의사 결정 나무 모델(Decision Tree), 여러 개의 의사 결정 나무를 조합하여 예측력을 높이는 랜덤 포레스트 모델(Random Forest), 데이터를 분류하는 서포트 벡터 머신 모델(SVM, Support Vector Machine)이 있다. 이러한 모델들은 대부분 제한된 영역에 특화되어 있으며, 훈련된 데이터와 목적에 따라 정해진 방식으로 작동한다.

한편, 딥러닝 모델은 인공 신경망(neural network)을 기반으로 하며 대규모 데이터를 학습하는 데 적합하다.

딥러닝 모델에는 얼굴 인식과 같이 이미지 분석에 강점이 있는 합성곱 신경망 모델(CNN, Convolutional Neural Network)과 시퀀스 데이터(텍스트, 음성 등)에 강점이 있는 순환 신경망 모델(RNN, Recurrent Neural Network)이 있다. 그리고 이미지를 생성하는 생성적 적대 신경망 모델(GAN, Generative Adversarial Network)과 거대한 이미지 데이터 세트로 학습된 확률 모델을 통해 전혀 새로운 이미지를 합성해 내는 디퓨전(Diffusion) 모델이 있다. 같은 자연어 처리에서 강력한 성능을 보이는 트랜스포머(Transformer) 모델 그리고 대규모 언어 모델이 있다. 또한, 이러한 모델들은 잘할 수 있는 일들이 다르기 때문에 얻고자 하는 결과의 형태 또는 풀고자 하는 문제에 맞는 모델을 선택하여 인공지능에 적용해야 한다.

대규모 언어 모델은 딥러닝 모델 중에서도 자연어 처리에 특화된 모델이다. LLM은 기존의 머신러닝 모델보다 훨씬 더 많은 데이터를 학습하고 딥러닝 기술을 바탕으로 대량의 텍스트 데이터에서 패턴을 학습하여 문장을 생성하거나 문장의 의미 구조를 예측하는 능력이 뛰어나다. 대표적인 모델로 지피티(GPT), 버트(BERT), 라마(LLaMA), 제미나이(Gemini) 등이 있으며, 기본적으로 트랜스포머 아키텍처를 활용한다. LLM의 핵심은 트랜스포머라는 신경망 구조다. 트랜스포머는 기존의 RNN, LSTM(Long Short-Term Memory, 장단기 메모리)보다 강력한 성능을 발휘하며, 셀프 어텐션(self-attention)과 병렬 처리를 기반으로 작동한다. 그리고 대량의 텍스트 데이터를 학습했기 때문에 대규모 언어 모델이라는 이름이 붙었다.

하나의 예시를 통해서 LLM이 학습하는 방식과 배경지식 형성 방식을 설명하고자 한다. GPT 모델은 학습 단계에서 문맥을 기반으로 다음 단어를 예측하고, 이를 바탕으로 추론 단계에서도 다음 단어를 예측해 낸다(Brown et al., 2020). 즉, 문장 내 모든 단어 간의 관계를 계산하여 다음 단어의 확률 분포를 형성한다. 예를 들어, GPT는 "The cat sat on the mat"라는 문장에서 "cat"과 "mat"이 문맥상 밀접하게 연관된 단어임을 확률적으로 학습한다. 이 "cat"과 "mat" 두 단어가 문장 안에서 중요하다는 것을 파악한다. 기술적으로 GPT 모델 안에 포함되어 있는 트랜스포머는 더 정밀한 관계를 인식하며 문맥 기반 확률 예측을 수행하기 때문에 이러한 학습이 가능하다(Vaswani et al., 2017). 또한, GPT 모델은 사전 학습(pre-training)을 통해 방대한 데이터로 언어 패턴을 학습하며, 미세 조정(fine-tuning)으로 특정 작업에 최적화되고, 위치 인코딩(positional encoding)을 통해 단어 순서까지 고려한다. 따라서 GPT를 비롯한 LLM은 다양한 산업에서 텍스트 생성, 번역, 요약, 코딩 등에 활용되고 있으며, 방대한 배경지식을 활용하여 여러 가지 역할을 수행할 수 있다.

그러나 LLM이 사용하는 '배경지식'이 진정한 의미의 지식인지에 대한 비판도 존재한다. 예를 들어, 통계적 패턴만을 이용하여 문맥을 예측하는 것은 '이해'나 '의도'와는 거리가 있다. 이는 인공지능이 진정한 의미의 '지식'을 가지고 있는지에 대해 철학자들이 오랫동안 제기해 온 논의와도 연결된다. LLM이 언어 패턴을 학습하는 방식은 우리가 무심코 인터넷에서 검색하고, 요약문을 읽고, 자동 완성 기능을 사용하는 모든 순간에 영향을 준다. 따라서 이러한 작동 방식을 이해하는 것은 정보 상호작용 시대에 살고 있는 우리들에게 필수 소양이다.

여기까지 읽고 나면 독자들은 AI가 복잡한 방식으로 작동하고 있다는 인상을 받겠지만 사실 이는 인간의 능력을 흉내 낸 것이다. 더 놀라운 점은 이러한 복잡하고 정교한 작업들이 인간의 읽고 쓰는 능력, 대화를 통해 상대방의 말의 의미를 파악하는 능력, 그리고 문맥을 파악하는 능력으로 수행되어 왔다는 사실이다. 그동안 우리들은 이러한 작업을 알고리즘을 설계하고 수많은 실험을 통해 검증할 필요도 없이 자연스럽게 수행하고 있었다. 우리가 무심코 수행해 온 언어 이해와 생성 능력이 수십억 개의 파라미터와 고성능 컴퓨팅을 통해 겨우 모방 가능한 수준임을 보면 인간의 인지 능력에 대한 새로운 시각을 가지게 된다. 바로 여기에서 인공지능을 통해 인간을 다시 이해하게 되는 역설이 시작된다. 인공지능의 복잡한 작동 방식에 대한 놀라움과 함께 인간의 정교한 작동 방식에 대해 놀라워할 수 있기를 바라며 이 장을 마무리한다.

참고문헌

문성은 외(2016). "기계학습 및 딥러닝 기술동향". 《Information and Communications Magazine》, 33(10), 49~56쪽.

Brown, T. et al.(2020). Language models are few-shot learners. *Advances in neural information processing systems, 33*, pp.1877~1901.

Vaswani, A. et al.(2017). Attention is all you need. *Advances in neural information processing systems, 30*, pp.5998~6008.

02
인간의 사전 지식

사전 지식은 정보를 수용하고 통합하는 데 핵심적인 역할을 한다. 지식은 '저장'되는 것이 아니라 기존 지식과 연결된다. 인간의 사전 지식은 구조적으로 구성되어 있으며 이러한 구조는 정보 선택, 추상화, 해석, 통합, 재구성의 기초가 된다. 인간은 사전 지식에 기반하여 새로운 도구를 활용할 수 있고, 이를 활용해야 하는 낯선 환경에 적응하기 위해 수용과 동화 과정을 거쳐 사전 지식을 재구성할 수 있다.

AI와 MBTI?

스키마

인간이 특정 정보를 잘 기억하고 활용하는 데는 이유가 있다. 우리는 단지 정보를 '저장'하는 존재가 아니라 상황에 맞게 정보를 '적용'하고 '해석'하며 '활용'하는 존재다. 이러한 능력은 단순히 지식이 머릿속에 있다는 사실만으로 설명되지 않는다. 바로 우리가 평생에 걸쳐 쌓아온 '사전 지식'을 바탕으로 세상을 이해하기 때문이다.

사전 지식은 인간이 특정 주제에 대해 이미 갖고 있는 지식과 경험을 의미한다. 기억 과정에서 일어나는 사건과 사실의 부호화(encoding), 통합(consolidation), 검색(retrieval)은 새로운 기술과 지식을 습득하는 기초를 형성한다. 사전 지식은 이러한 기억 과정을 상당히 향상시켜 지식 습득을 촉진할 수 있다(Brod et al., 2016). 과학자들은 기존 지식 구조를 지칭할 때 스키마 또는 사전 지식이라는 용어를 사용해 왔다. 따라서 스키마에 대해 알아보면서 사전 지식에 대한 이해를 높일 수 있다.

스키마는 현상의 여러 표현을 연결하는 일반적인 인지 구조를 말하며(Bartlett, 1932), 스키마의 존재는 개인의 새로운 정보에 대한 해석을 변화시킬 수 있다(Piaget, 1926). 기억 스키마 프레임워크(Ghosh & Gilboa, 2014)

에 따르면 스키마 특징에는 단위와 그 상호 관계로 구성된 연관 네트워크 구조, 여러 에피소드를 기반으로 한 결합 네트워크 구조, 단위 세부 정보의 부족, 적응력이 있다. 다시 말해 스키마란 지식 구조가 하나의 사건 전반에 걸친 공통적인 표현을 포괄하는 일반적이고 고차원적인 구조다. 스키마는 많은 경험에서 파생된 방대한 양의 정보를 저장하고 환경에 민감한 방식으로 정보를 업데이트할 수 있다는 점에서 적응력을 가지고 있다.

스키마의 적응성은 개인의 환경 적응을 가능하게 하는 상호 보완적인 과정으로서 수용과 동화라는 형태로 이루어질 수 있다(Piaget, 1952). 수용(accommodation)은 환경의 새로운 정보가 기존 지식과 충돌할 때 사람들이 스키마를 갱신하는 과정이지만 동화(assimilation)는 사람들이 환경의 속성을 기존 스키마에 통합하고 포함하는 과정이다. 스키마와 기억 처리 과정 간에 발생하는 상호 작용은 새로운 정보의 부호화, 통합, 그리고 검색 형태로 이루어지고, 현대 인지심리학에 따르면 스키마는 일련의 과정에 영향을 미치는 인지 구조로 작용한다. 스키마는 주로 정보의 이해와 기억에 영향을 미치며, 이는 지식 습득 과정의 기초를 형성한다는 점에서 중요하다.

사전 지식은 새로운 정보가 통합될 수 있는 구조를 제공함으로써 기억을 촉진한다(Craik & Lockhat, 1972). 사전 지식이 기억에 영향을 미치는 과정은 선택(selection), 추상화(abstraction), 해석(interpretation), 통합(integration), 재구성(reconstruction)으로 구분할 수 있다(Alba & Hasher, 1983). 이 중에서 선택, 추상화, 해석, 그리고 통합 과정은 부호화에 영향을 미치며, 재구성은 검색에 영향을 미친다. 선택은 현재 활성화된 지식 구조와 가장 관련이 깊은 정보에 더 많은 주의를 기울인다는 개념으로, 이에 따라 일부 항목은 다른 항목보다 더 잘 기억된다. 추상화는 선택된 정보가 축소되어 상황의 세부 사항을 보존하지 않는 과정을 의미하는 개념이다. 해석은 상황에 대한 지식을 바탕으로 명시적으로 존재하지 않는 추가 정보를 추론할 수 있다는 개념이다. 통합은 이렇게 선택되고, 추상화되고, 해석된 정보가 개인의 기존 지식 구조에 통합되는 과정을 의미한다. 이 과정을 거친 정보는 나중에 검색될 때 재구성되어야 하며, 통합된 표현을 바탕으로 이루어지는 이 과정은 개인의 검색 맥락에 대한 지식에 따라 용이해질 수 있다. 사전 지식은 기억 처리의 여러 단계, 즉 부호화, 통합, 검색에 도움을 준다.

지식은 새로운 정보의 기억 처리가 이루어지도록 적절하게 활성화되어야 한다. 사전 지식이 기억을 촉진할 수 있다는 주장에 대한 강력한 증거들이 존재한다. 하지만 단지 사전 지식을 가지고 있다는 것만으로는 충분하지 않다. 부호화 중 지식이 제대로 활성화되는 경우에 정교한 기억 흔적(elaborated memory trace)을 생성하는 데 도움이 되기 때문이다(Bransford & Johnson, 1972; Brod et al., 2013; Craik & Tulving, 1975). 검색 맥락은 부호화 맥락을 재구성하는 데 도움이 되는 충분한 정보를 제공해야 하고, 대상 정보와 잘 일치해야 한다. 예를 들어, 의미론적 일치(semantic congruency)를 가능하게 한다면(Moscovitch & Craik, 1976) 검색 맥락은 기억을 성공적으로 떠올리는 데 중요한 역할을 한다.

종합적으로 사전 지식이 새로운 정보의 기억 처리에 자동으로 도움이 된다고 가정해서는 안 된다. 하지만 사전 지식과 기억 처리 간의 상호 작용을 지원하는 신경 인지 메커니즘이 충분히 성숙하고 지식 활성화를 위한 적절한 지원이 이루어진다면 사전 지식은 분명하게 인간의 정보 처리에 도움이 된다고 할 수 있다. 따라서 인간은 사전 지식에 기반하여 새로운 도구를 활용할 수 있고, 이러한 도구를 활용하는 새로운 환경에 적응하기 위해 기존 지식 구조의 활성화와 수정이 요구된다.

요약하자면 사전 지식이란 인간이 이미 갖고 있는 경험과 인지 구조, 그리고 이를 통해 새로운 정보를 이해하고 적용하는 능력을 뜻한다. 그리고 그 구성은 단순히 지식을 '집어넣는 행위'에 국한되지 않는다. 사전 지식의 구성이란 지식을 '활용할 수 있는 능력'까지 포함하는 과정이다. 인간의 사전 지식은 단순한 정보의 축적이 아니라 정보를 해석하고 새로운 상황에 전이하여 적용할 수 있는 인지적 기반이다(Bransford et al., 2000). 반면, 인공지능은 통계적 유사성에 따라 정보를 연결할 수는 있지만 이와 같은 스키마 기반의 유연한 해석이나 적응적 갱신을 수행 능력은 아직 제한적이다.

전략적 인지 활동

기존 문헌들은 사전 지식과 관련된 문헌들을 정리하면서 사전 지식의 정의를 제시했다. 사전 지식이란 한 사람이 갖춘 지식 전체로서 본질적으로 동적이고 구조화되어 있으며, 특정 학습 과제 전에 사용할 수 있다(Dochy & Alexander, 1995). 또한, 사전 지식은 선언적 지식, 절차적 지식, 조건적 지식, 전략적 지식과 같이 여러 상태로 존재할 수 있으며, 명시적이고 암묵적인 성격을 모두

갖는다. 마지막으로 사전 지식은 개념적 및 메타 인지적 지식 요소를 포함한다. 특히 사전 지식의 일부로서 전략적 지식이란 지식 습득을 계획하고 조절하며 통제하기 위한 절차적 요소들을 포함한다(Alexander & Judy, 1988). 전략은 인지 활동의 순서가 설정된 행동 계획으로 볼 수 있으며(Posner & McLeod, 1982), 전략적 지식에는 성과에서의 결핍을 극복하거나 사고 및 성과를 조절하기 위해 의도적으로 사용되는 절차까지 포함된다.

인공지능을 잘 활용하기 위해서는 사전 지식에 대한 지속적인 논의가 요구된다. 현재 인공지능은 대규모 언어 모델에 기반한 생성형 인공지능을 중심으로 기존 지식의 집합체가 되어 가고 있다. 기존 지식의 집합체를 효과적으로 활용하려면 인간의 사전 지식이 필수적이다. AI가 제공하는 결과를 올바르게 해석하고, 적절히 적용하며, 지속적으로 개선하는 데 사전 지식은 중요한 역할을 할 수 있다.

사전 지식에 대한 이해를 바탕으로 인공지능과 관련된 지식을 정리해 볼 수 있다. 먼저, 컴퓨터 공학 관점에서 필요한 사전 지식으로 알고리즘, 자료 구조, 통계 및 확률 기초, 수학, 머신러닝과 딥러닝 개념 및 구조, 소프트웨어 엔지니어링, 그리고 보안과 같은 키워드를 언급할 수 있다. 다음으로 인문학 관점에서 필요한 사전 지식으로는 윤리학, 철학, 언어학, 미학, 사회학, 경제학, 해석학, 수사학, 그리고 통계학 등 인공지능이 활용될 수 있고 영향을 미칠 수 있는 모든 분야의 다양한 학문들이 인공지능의 역할과 능력을 이해하기 위한 사전 지식이 될 수 있다.

마지막으로 인간 중심 사고를 가능하게 하고, 산업의 문제 해결 관점에서 필요한 사전 지식으로 도메인 지식, 문제 정의 능력, 문제 해결 능력과 더불어 개인의 인지 활동의 순서가 설정된 행동 계획과 절차에 대한 지식까지 언급할 수 있다. 이러한 사전 지식은 앞으로도 계속 확장될 수 있을 것이다.

궁극적으로 학계와 교육계는 많은 이들이 끊임없이 변화하는 세상 속에서 지식의 중복, 격차, 그리고 모순을 식별할 수 있는 독립적인 하나의 개체로서 자라날 수 있도록 지식을 공유하고 방향을 제시하고자 한다. 학술적인 표현으로 자신의 지식에 대해 메타 인지적으로 인식할 수 있도록 교육하고자 한다(Shing & Brod, 2016). 이러한 노력이 사전 지식을 구성하고자 하는 많은 독자들에게 닿을 수 있기를 소망한다.

참고문헌

Alba, J. & Hasher, L.(1983). Is memory schematic?. *Psychological Bulletin, 93*(2), pp.203~231.

Alexander, P. & Judy, J.(1988). The interaction of domain-specific and strategic knowledge in academic performance. *Review of Educational Research*, 58, pp.375~404.

Bartlett, F.(1995). *Remembering: A study in experimental and social psychology*. Cambridge University Press.

Bransford, J. & Johnson, M.(1972). Contextual prerequisites for understanding: Some investigators of comprehension and recall. *Journal of Verbal Learning and Verbal Behavior*, 11, pp.717~726.

Bransford, J. et al.(2000). *How People Learn: Brain, Mind, Experience, and School*. National Academy Press.

Brod, G. et al.(2013). The influence of prior knowledge on memory: A developmental cognitive neuroscience perspective. *Frontiers in Behavioral Neuroscience*, 7, p.139.

Craik, F. & Lockhart, R.(1972). Levels of processing: A framework for memory research. *Journal of Verbal Learning and Verbal Behavior*, 11, pp.671~684.

Craik, F. & Tulving, E.(1975). Depth of processing and the retention of words in episodic memory. *Journal of Experimental Psychology: General*, 104, pp.268~294.

Dochy, F. & Alexander, P.(1995). Mapping prior knowledge: A framework for discussion among researchers. *European Journal of Psychology of Education*, 10, pp.225~242.

Ghosh, V. & Gilboa, A.(2014). What is a memory schema? A

historical perspective on current neuroscience literature. *Neuropsychologia, 53*, pp.104~114.

Moscovitch, M. & Craik, F.(1976). Depth of processing, retrieval cues, and uniqueness of encoding as factors in recall. *Journal of Verbal Learning and Verbal Behavior*, 15, pp.447~458.

Piaget, J.(1926). *The language and thought of the child.* Routledge & Kegan Paul.

Piaget, J.(1952). *The origins of intelligence in children.* International University.

Posner, M. & McLeod, P.(1982). Information processing models, in search of elementary operations. *Annual Review of Psychology*, 33, pp.477~514.

Shing, Y. & Brod, G.(2016). Effects of prior knowledge on memory: Implications for education. *Mind, Brain, and Education, 10*(3), pp.153~161.

03
기술적 지식

인공지능 기술은 점진적으로 진화해 왔으며, 이를 이해하기 위해 기술의 역사와 분류 체계를 함께 살펴본다. 인공지능 핵심 기술은 수학적 모델, 알고리즘, 데이터 처리 방법을 통해 구현되며, 여덟 가지 핵심 원리로 정리된다. 인공지능이 수행하는 다양한 기능의 기반이 되는 핵심 기술을 살펴본다.

AI와 난임 극복?

기술의 점진적 진화

인공지능에 대한 기술적 지식은 인공지능의 개념, 작동 방식, 알고리즘, 활용 분야 등을 이해하는 것을 의미한다. 게다가 기술적 지식에는 인공지능 기술을 단순히 사용하는 것을 넘어, 그 원리를 파악하고 실무에서 응용할 수 있는 능력까지 포함한다. 따라서 인공지능의 분류 체계를 시작으로 인공지능의 핵심 기술 및 원리, 그리고 인공지능 기술 활용 방안을 소개하고, 이러한 기술이 실무에서 응용되는 사례를 짧게 설명한다.

기술의 점진적 진화에 대한 독자들의 이해를 도울 수 있기를 바라며 인공지능 기술의 역사를 바탕으로 인공지능 분류 체계를 정리한다. 역사는 인공지능이 지속적인 인간의 창의성과 협력의 산물이라는 것을 보여 준다. 인공지능 연구자들이 "인공지능을 구현한다"는 문제를 풀기 위해서 지속적인 노력을 기울여 온 덕분에 인공지능은 점진적으로 발전할 수 있었다. 이러한 분류 체계를 통해서 현재 시점의 인공지능 기술에 도달하게 되었다는 것을 이해할 수 있기를 바란다.

인공지능은 역사에 따라 기호 AI(Symbolic AI), 통계 AI(Statistical AI), 신경망 AI(Neural AI), 기호-신경망 AI(Neuro-Symbolic AI)로 구분할 수 있다. 기호 AI는 규

칙 기반 의사 결정 방식으로 작동하는 인공지능을 말한다. 통계 AI는 데이터로부터 확률적 패턴을 학습하고 추론하는 방식으로 결과를 산출하며, 이를 구현하기 위해 통계적 추론(statistical inference)과 최적화(optimization) 기반의 알고리즘이 사용되는 인공지능을 말한다. 신경망 AI는 인간 뇌의 뉴런 구조에서 영감을 받은 모델로서 계층적 학습 및 패턴 인식에 특화된 인공지능을 말하며, 응용 사례로 생성형 AI를 언급할 수 있다. 최근에는 기호 AI와 신경망 AI의 장점을 합쳐서 개발하는 기호-신경망 AI가 각광받고 있는 추세다. 기호-신경망 AI는 신경망의 학습 능력과 기호주의의 논리적 해석 가능성을 결합하는 것을 목표로 한다.

기호 AI는 컴퓨터를 상징과 로직을 활용하여 작동하는 시스템으로 이해해야 한다는 심볼리즘(Symbolism) 철학(Newell & Simon, 2007)에서 탄생한 인공지능의 의사 결정 방식을 채택하고 있다. 다음으로 통계 AI는 인공지능이 데이터를 귀납적으로 학습하여 확률적 추론과 패턴 인식을 수행할 수 있다는 방법론적 전제에 기반한 접근이다. 이러한 통계 AI는 모델이 경험 기반 학습을 통해 의사 결정을 하도록 설계된다. 통계 AI의 예시로 베이즈 네트워크(Bayesian Network), HMM(Hidden

Markov Model), 결정 트리, 랜덤 포레스트와 같은 모델을 언급할 수 있다. 그 이후, 인공지능은 발전을 거듭하여 신경망 AI에까지 이르게 되었다.

신경망 AI는 신경망이라는 개념을 도입하고 딥러닝의 발전과 함께 했으며, 생성형 AI의 상용화를 가능하게 했다. 이러한 신경망 AI는 지능이 대규모 데이터와 연산을 통해 분산된 표현을 학습할 수 있다는 철학에 기반하여 대규모 데이터와 연산을 바탕으로 분산 표현(distributed representation)을 학습하며, 표현 학습(representation learning) 기술을 통해 문맥 이해 및 정보 생성 능력을 발전시켜 왔다. 현재 해석력과 설명 가능성 면에서도 이러한 수준에 도달하기 위해 기호-신경망 AI 개발 연구가 활발하게 진행되고 있다.

핵심 기술과 원리

인공지능의 핵심 기술이란 인공지능을 구현하는 데 필요한 기술적 방법론이나 알고리즘을 의미한다. 예를 들어 기계학습, 딥러닝은 인공지능 시스템을 구축하는 데 사용되는 기본적인 기술이며 자연어 처리, 컴퓨터 비전(CV, Computer Vision)은 특정 영역에서 활용되는 응용 기술로 간주된다. 핵심 기술들은 각 기술이 가지고 있는 수학적 모델, 알고리즘, 데이터 처리 방법을 포함한다. 인공지능의 핵심 기술이 구현하고자 하는 핵심 원리는 다음과 같이 여덟 가지로 정리된다. 예측(prediction), 최적화, 분류(classification), 탐지(detection), 추천(recommendation), 제어(control), 판단 보조(decision support), 생성(generation).

첫 번째, 인공지능은 예측한다. AI는 과거 데이터를 기반으로 미래를 예측한다. 예를 들면 소매업과 유통업에서 인공지능은 수요 예측을 통한 재고 최적화를 수행할 수 있다. 스타벅스(Starbucks)는 인공지능 기술을 도입하여 "딥브류(DeepBrew)"라는 매장 관리 설루션을 개발했다. "딥브류"는 재고 관리, 프로모션, 고객 맞춤 추천 등에 사용된다. 또한 인공지능은 전력 소비 예측을 통해 공급을 조정하고, 주가와 리스크 예측을 통해 투자 판단을 할 수 있다.

두 번째, 인공지능은 최적화한다. 최적화란 여러 변수 간 트레이드오프(trade-off, 하나의 이익을 얻기 위해 다른 이익이나 가치를 포기해야 하는 상황)를 고려해 최선의 조합 도출하는 것을 의미한다. 예를 들면, 인공지능은 물류에서 배송 경로와 창고 배치를 최적화한다. 또한, 인공지능이 제조업에서 활용된다면 생산 공정 효율화와 불량률을 최소화하는 것이 가능하며 이러한 작업들은 최적화 원리에 따라 수행된다. 마케팅에서는 인공지능이 예산 분배 및 캠페인 효과를 극대화하는 작업을 수행할 수 있다.

세 번째, 인공지능은 분류한다. 분류란 입력 데이터를 범주로 나누는 것으로 지도 학습(supervised learning)을 통해 정답(label)이 있는 데이터를 학습하여 새로운 입력이 어느 정해진 범주에 속하는지를 예측하는 것을 의미한다. 이를 통해 의료에서는 질병 유무를 판단하고, 영상을 분류할 수 있으며, 이메일 스팸 필터링을 하거나 악성 코드를 탐지할 수 있다. 더 나아가 인공지능은 비지도 학습(unsupervised learning)을 통해 정답이 없는 데이터를 유사한 것끼리 그룹화, 즉 군집화(clustering)를 수행한다. 고객 세그먼트 분류와 구매 성향 분류에 인공지능이 적용되는 경우에는 사전 분류된 고객 세그먼트가 있다면 지도 학습에 의한 분류를 사용하고, 처음부터 정해진 기준 없이 세그먼트를 찾는다면 비지도 학습에 의한 군집화를 수행할 수 있다.

네 번째, 인공지능은 탐지한다. 탐지란 인공지능이 규칙에서 벗어난 이상 행동이나 패턴을 탐지하는 것을 의미한다. 인공지능이 활용되는 예시에는 부정 거래 탐지와 보험 사기 감지 또는 설비 고장 조짐 감지와 예지 보전 등이 있다. 이러한 탐지를 목적으로 하는 다양한 인공지능 알고리즘이 있으며, 이들은 침입 감지 시스템에도 적용될 수 있다. 예를 들어, 공공 보안용 CCTV에 인공지능을 적용해 폭력, 절도, 기물 파손 등 12가지 이상 행동을 실시간으로 탐지하고, 관제 센터에 자동으로 경보를 발송하는 시스템으로 활용된다. 이러한 시스템은 도시 통합안전센터 등에서 시범적으로 운영되고 있다.

다섯 번째, 인공지능은 추천한다. 추천은 유튜브(Youtube) 추천 알고리즘을 통해 우리에게 익숙한 개념으로 사용자 행동과 맥락을 분석하여 맞춤형 콘텐츠 제공하는 것이다. 대표적인 예시로 넷플릭스(Netflix)는 영상 시청 사용자 경험을 향상시키기 위해 인공지능에 기반한 영상 콘텐츠 추천 시스템을 도입하고 있다. 인공지능은 영상 · 음악 콘텐츠 추천을 비롯하여 개인화 상품이나 맞춤형 일자리를 추천하기도 한다.

여섯 번째, 인공지능은 제어한다. 인공지능은 실시간 환경에서 자동으로 판단하고 조절하는 작업을 수행할 수 있다. 따라서 자율주행 차량의 경로 탐색과 장애물 회피하는 시스템으로 사용될 수 있고, 스마트 공장에서 공정 자동 제어를 담당하기도 한다. 또한, 스마트 농업에서 기후와 토양 정보 기반 관수와 비료 투입을 자동적으로 조절하는 일을 담당한다.

일곱 번째, 인공지능은 판단을 보조한다. 이러한 판단 보조 시스템은 인공지능의 결과에 대한 해석을 제공한다는 측면에서 설명 가능한 인공지능(XAI, eXplainable AI)이라고 명명되기도 한다. 예를 들면, 인공지능은 질병 진단 시스템으로 활용될 때 진단 결과뿐만 아니라 진단 결과에 대한 인과적 설명을 제공하여 사용자의 판단을 보조한다. 게다가 인공지능은 예산 배분의 판단 근거를 제공하는 것처럼 관리자 판단 보조용 대시보드(dashboard) 설계에 활용되어 인간의 판단을 보조하는 역할을 수행할 수 있다.

여덟 번째, 인공지능은 생성한다. 생성이란 새로운 콘텐츠를 자동으로 생성하는 것을 의미한다. 예를 들면 인공지능은 기사, 보고서와 같은 텍스트 기반 콘텐츠의 생성 자동화를 수행하며 자연어를 생성한다. 가장 대표적인 예시로 챗지피티(ChatGPT)와 퍼플렉시티(Perplexity)와 같은 서비스가 있다. 이미지를 생성하는 인공지능에는 달리(DALL-E)와 미드저니(Midjourney)가 있으며, 음악을 생성하는 인공지능에는 스노(Suno)와 에이바(AIVA)가 있다. 예술 분야에서 AI는 음악이나 이미지를 창작하여 예술적 영감을 제공하고자 한다. 게다가 개발자에게 필요한 코드를 자동으로 생성하거나 코드 작성을 보조할 수 있는 툴을 제공한다.

인공지능을 구현하기 위해서는 통계와 같은 기초 지식, 그리고 프로그래밍과 같은 전문 지식을 바탕으로 학습하는 것이 권장된다. 이 장에서 설명한 기술적 지식은 기술 활용에 초점을 맞추어 기술의 점진적 진화를 이해하고 원리를 파악하는 데 도움이 될 수 있다. 구체적인 사례로 요리사가 칼이라는 도구를 사용하는 상황을 가정해 보면 요리사는 요리를 하기 위해 재료를 준비하며 칼을 사용할 것이다. 하지만 요리사가 칼을 쓸 줄 안다고 해서 칼의 합금 성분이나 제조 공정을 모두 아는 것은 아닙니다. 마찬가지로 AI를 활용하려는 우리가 그 내부 구현의 모든 세부 사항을 알지 않아도 AI를 활용할 수 있다. 그러나 '칼을 잘 쓰는 법'을 배우듯 AI라는 도구를 잘 쓰기 위해서는 기본 원리와 철학, 기술의 흐름을 이해하는 것이 필요하다. 따라서 이 장에서 제공되는 지식이 인공지능 모델의 구체적인 구현 방법까지는 포괄하지 않는다는 점을 밝히며, 이 내용이 전문적인 지식 습득에 대한 관심과 흥미를 불러일으키는 계기가 되기를 바란다.

참고문헌

AIX(2024.2.7).
https://aiexpert.network/case-study-starbucks-revolutionizes-the-coffee-experience-with-ai/

AIVA. https://www.aiva.ai/

Bengio, Y. et al.(2013). Representation learning: A review and new perspectives. *IEEE Transactions on PAMI.*

Besold, T. et al.(2017). Neural-Symbolic Learning and Reasoning: A Survey and Interpretation. *Frontiers in AI.*

ChatGPT. https://openai.com/chatgpt

DALL-E. https://openai.com/index/dall-e-3

Doshi-Velez, F. & Kim, B.(2017). Towards a rigorous science of interpretable machine learning.
https://arxiv.org/abs/1702.08608

Garcez, A. et al.(2019). *Neural-symbolic cognitive reasoning.* Springer.

Kim, B.(2018). Interpretability Beyond Feature Attribution: Quantitative Testing with Concept Activation Vectors (TCAV). *Proceedings of the 35th International Conference on Machine Learning,* 80, pp.2668~2677.

LeCun, Y. et al.(2015). Deep learning. *Nature,* 521, pp.436~444.

Lipton, Z. (2018). The mythos of model interpretability: In machine learning, the concept of interpretability is both important and slippery. *Communications of the ACM, 61*(10), pp.36~43.

Midjourney. https://www.midjourney.com

Newell, A. & Simon, H.(1976). Computer science as empirical inquiry: Symbols and search. *Communications of the ACM,*

19(3), pp.113~126.

Perplexity. https://www.perplexity.ai

Suno AI. https://suno.com

Wiegreffe, S. & Pinter, Y.(2019). Attention is not explanation. https://arxiv.org/abs/1908.04626

04
기술적 소양

리터러시 측면에서 접근하여 기술적 소양의 주요 요소를 정의한다. 기술적 소양은 사용자들이 기술에 대해 알고 있어야 하는 것, 그리고 실제로 할 수 있어야 하는 것을 기준으로 한다. 리터러시란 과거에는 문해력을 뜻하는 말이었다. 하지만 기술 발전과 함께 리터러시의 의미는 확장되어 왔으며, 인공지능 기술이 발전한 지금 인공지능 리터러시라는 용어의 등장으로 다시금 의미가 확장되었다.

AI와 사주?

리터러시

기술적 소양(technical literacy)은 다양한 기술과 도구를 이해하고 효과적으로 활용할 수 있는 능력을 의미한다(Dugger, 2001). 이는 단순히 컴퓨터나 기기를 다룰 수 있는 것을 넘어, 기술이 사회와 삶에 미치는 영향을 이해하고 비판적으로 사고할 수 있는 능력까지 포함한다. 기술 발전으로 '기술'에 대한 정의가 변화하고 기술에 포함되는 도구들의 수가 늘어났지만 기술적 소양은 기술에 대해 알고 이해해야 하는 것, 그리고 사용자들이 실제로 할 수 있어야 하는 것을 기준으로 한다는 핵심은 불변이다.

기술적 소양의 첫 번째 유형은 '인지(cognitive)' 표준으로 사용자들이 기술에 대한 리터러시를 갖추기 위해 알아야 할 기초 지식, 구체적으로 기술이 어떻게 작동하는지와 세상에서 어떤 위치를 차지하는지를 제시한다. 두 번째 유형은 '과정(process)' 표준으로 사용자들이 실제로 갖춰야 할 능력을 설명한다. 이 두 유형의 표준은 상호 보완적이며, 리터러시 훈련은 이론과 실습 경험을 통해 가능하다는 것을 암시한다. 예를 들어, 학생들은 강의 중에 설계 프로세스에 대해 배울 수 있지만 실제로 그 과정을 사용해 기술적 문제를 해결하는 능력은 직접적인 실습 경험을 통해서만 얻을 수 있다. 반대로 이론적 지식 없이 설계 프로세스를 효과적으로 수행하는 것은 어렵다.

이 장에서는 리터러시 측면에서 기술적 소양의 주요 요소를 정의한다. 리터러시란 읽고 쓰는 능력과 이를 통해 자기표현과 의사소통을 하는 능력을 의미한다(Long & Magerko, 2020). 역사적으로 리터러시는 지식 접근성을 확대하고 사람들이 자기 생각을 나누고 소통할 수 있게 하는 힘을 가지고 있다. 과거에는 리터러시란 문해력을 뜻하는 말이었다. 하지만 인쇄 기술만 존재했던 시절에 언급되었던 문해력의 의미는 정보 기술을 비롯하여 다양한 기술의 발전으로 확장되어 왔으며, 인공지능 기술이 발전한 지금에는 인공지능 리터러시라는 용어의 등장으로 또다시 새로운 차원의 의미를 갖게 되었다.

다섯 가지 인공지능 핵심 개념

5가지 핵심 개념을 중심으로 AI에 대한 체계적 이해를 시작할 수 있다. AAAI(American Association for Artificial Intelligence, 전미인공지능학회)와 CSTA(Computer Science Teacher Association, 컴퓨터과학교사협회)에 의해 제안된 AI4K12(The Artificial Intelligence for K-12 initiative)의 "Five Big Ideas in AI"라는 개념이다. 미국 초중고 교육 과정을 위해 제안된 "Five Big Ideas in AI"는 기술적 소양, 특히 인공지능 리터러시를 기르는 데 매우 유용한 핵심 개념이다. 따라서 이 교육적 아이디어를 이해하고 탐구하는 것은 기술적 소양을 키우기 위한 접근으로 충분히 적합하다는 기대로 5가지 핵심 개념을 소개한다. 지각(perception), 표현과 추론(representation & reasoning), 학습(learning), 자연스러운 상호 작용(natural interaction), 사회적 영향(societal impact).

첫 번째, 지각 개념이 중요하다. AI는 센서와 데이터를 통해 세상을 인식한다는 점을 이해해야 한다. 예를 들면, 인공지능은 데이터와 센서를 통해서 이미지 · 음성 인식, 센서 데이터 처리와 같은 일들을 수행한다. 따라서 기술적 소양 측면에서 인공지능의 지각에 대한 이해는 감지 기술과 이에 기반한 데이터 해석 방식을 이해하고 활용할 수 있다는 것을 의미한다.

두 번째, 표현과 추론 개념이 중요하다. AI는 세상에 대한 모델과 표현을 유지하고, 이를 활용하여 추론한다. 다시 말해, AI는 정보를 구조화하고, 이를 기반으로 추론한다. 예를 들면 인공지능은 체스에서 수를 두기 위한 의사 결정을 내리고, 경로 찾기 알고리즘을 통해 최단 경로를 찾아낸다. 따라서 기술적 소양 측면에서 인공지능의 표현과 추론에 대한 이해는 문제 구조화 및 알고리즘의 기초를 이해하는 것을 의미한다.

세 번째, 학습 개념이 중요하다. AI는 데이터를 이용해 학습하고 패턴을 찾아내는 훈련을 한다. 예를 들면, AI는 머신러닝과 딥러닝 모델 훈련을 통해 결과를 도출하고 판단을 내린다. 학습 개념을 이해하면 기계학습 원리를 이해하고 머신러닝 모델에서 훈련(train)과 테스트(test) 개념을 이해하고 활용할 수 있다.

네 번째, 자연스러운 상호 작용 개념이 중요하다. AI는 사람과 언어, 음성, 제스처 등을 통해 상호 작용할 수 있다. 예를 들면, 인공지능은 챗봇과 음성 비서 같은 서비스에 적용되고 있으며, 사용자는 인공지능과 대화형 인터페이스(CUI, Conversational User Interface)를 통해서 인공지능 서비스를 이용할 수 있다. 대표적인 사례가 대화를 통해 정보를 검색할 수 있는 ChatGPT다. 따라서 이러한 상호 작용에 대한 이해는 인간 중심 서비스 설계를 가능하게 하고, 사용자 관점에서 상호 작용 방식을 이해하는 사용자 경험(UX, User Experience), 인간-컴퓨터 상호 작용(HCI, Human-Computer Interaction) 개념으로 확장될 수 있다.

다섯 번째, 사회적 영향 개념이 중요하다. AI는 사회에 긍정적 또는 부정적 영향을 미친다. 예를 들면, 인공지능은 자동화에 의한 편리성과 일자리 대체, 편향에 의한 이익과 불이익, 알고리즘 윤리 등의 다양한 사회적 영향력을 가지고 있다. 게다가 개인 정보 활용에 의해 개인화된 정보를 제공함으로써 편의성과 혜택을 제공하면서도 사생활 침해 문제가 발생할 수도 있는 양면성을 가지고 있다. 따라서 기술적 소양 측면에서 사회적 영향을 이해하여 비판적 사고, 기술 윤리, 공익과 공공성을 고려하여 인공지능에 대한 기술 활용 능력을 갖추는 것이 중요하다.

이러한 "Five Big Ideas in AI"라는 개념을 이해함으로써 기술적 소양과 창의적 문제 해결 능력을 기르기 위한 접근을 시작할 수 있다. 기술의 원리를 이해할 수 있는 프레임워크(framework)를 제공하고, AI를 맹목적으로 수용하는 것이 아니라 질문하고 비판적으로 바라보게 한다. 게다가 사회적 맥락까지 고려한 문제 해결 역량을 기를 수 있는 시각을 제공한다.

AI 리터러시는 단순한 기술 숙련이 아니라 비판적 사고와 실천 능력을 포함한 통합적 리터러시를 의미한다. 프로그래밍 능력은 AI 리터러시에 도움이 될 수 있지만 필수는 아니며, 대부분의 사용자는 코드 작성 없이도 AI를 이해하고 활용할 수 있어야 한다(Long & Magerko, 2020). 그리고 AI 리터러시는 데이터 리터러시와 연결된다. 따라서 데이터 해석 능력은 AI를 이해하는 데 핵심적인 부분을 차지한다. AI 리터러시는 디지털 · 과학적 문해력과 연결되며, 다양한 교육적 · 사회적 응용이 가능하다.

현대 사회는 디지털 기술 중심으로 빠르게 변화하고 있기 때문에 기술적 소양은 전문가뿐 아니라 많은 사람에게 필수적인 기본 역량으로 간주된다. 기술적 소양은 정보 격차를 줄이고, 사회적 참여와 경제 활동에 주체적으로 참여하는 데 필수적이다(한정선 · 오정숙, 2006). 기술적 소양에는 기술 이해, 기술 활용 능력, 비판적 사고, 윤리적 고려, 문제 해결 능력, 그리고 창의적 사고가 포함된다.

사용자는 기술적 소양을 기반으로 기술 활용을 시작할 수 있다. 이를 위해서는 기술이 어떻게 작동하는지, 어떤 원리가 기반이 되는지를 이해하는 것이 필요하다. 예를 들면 스마트폰이 어떻게 정보를 전송하는지, 인터넷이 어떻게 연결되는지, 그리고 인공지능이 어떻게 작동하는지를 이해하는 것이다. 다음으로 컴퓨터, 스마트

폰, 소프트웨어, 인공지능 등 다양한 기술을 실생활이나 업무에 활용할 수 있는 능력과 같은 기술 활용 능력을 기를 수 있다. 예를 들면, 엑셀로 데이터를 분석하거나 간단한 코딩을 통해 자동화 작업을 수행하는 일들을 익히는 것이다.

추가적으로 리터러시의 의미 확장은 인공지능 리터러시와 밀접하게 연관된 데이터 리터러시 개념으로 이어질 수 있다. 데이터 리터러시는 데이터를 읽고, 이해하고, 분석하고, 해석하고, 전달하고, 비판적으로 활용할 수 있는 능력을 의미한다. 데이터 리터러시는 데이터의 의미를 해석하고, 데이터를 기반으로 의사 결정을 하며, 다른 사람에게 논리적으로 전달할 수 있는 능력을 포함한다. 이를 위해서는 데이터 수집, 데이터 전처리, 데이터 시각화, 그리고 해석 능력을 함양해야 한다.

기술 수용에 있어 비판적인 사용자는 기술적 소양을 기반으로 기술 활용을 판단할 수 있다. 기술 활용이 가져오는 사회적 영향, 사생활 문제, 윤리적 문제 등을 이해하고 판단할 수 있는 능력을 기반으로 비판적 사고와 윤리적 고려를 시작할 수 있다. 예를 들면, 인공지능이 가져올 일자리 변화나 사생활 침해 문제를 인식하고 대처하는 것이다. 다음으로 기술을 이용해 실제 문제를 해결하거나 새로운 아이디어를 실현하는 능력을 기르고, 문제 해결 능력과 창의적 사고력을 키움으로써 사용자는 기술적 소양에 기반하여 기술을 활용할 수 있다. 일상적인 문제에서부터 사회적인 문제를 해결하는 것까지 기술적 소양을 갖춘 사용자들에게는 인공지능 기술의 영향력과 파급력이 보이기 시작할 것으로 기대된다.

참고문헌

한정선·오정숙(2006). 《21세기 지식 정보 역량 활성화를 위한 디지털 리터러시의 조작적 정의 및 하위 영역 규명》. 한국교육학술정보원.

AI4K12(The Artificial Intelligence for K-12 initiative)(2020). Five Big Ideas in AI. https://ai4k12.org

Dugger, W.(2001). Standards for technological literacy. *Phi Delta Kappan, 82*(7), pp.513~517.

Long, D. & Magerko, B.(2020). What is AI literacy? Competencies and design considerations. *Proceedings of the 2020 CHI Conference on Human Factors in Computing Systems*. pp.1~16.

05
전문 지식

전문가란 전문가 지식과 도메인 지식의 제공자로서 인공지능 시스템과 인간 사용자의 신뢰와 이해를 매개하는 지식의 중계자로 여겨진다. 사전 지식을 넘어 전문 지식을 형성하는 것은 인간의 강점이다. 전문 지식 형성은 인간의 고유한 영역이 될 가능성이 있다. 미래에 전문가는 지식의 신뢰성과 해석을 매개하는 중계자 역할을 수행하게 될 것으로 예측된다.

AI와 아이돌?

전문가

이번에는 전문성의 맥락에서 지식 형성과 활용에 대해 살펴볼 차례다. 전문 지식의 사전적 정의는 특정 분야에 대한 풍부하고 깊은 지식 또는 상당한 수준의 지식이라고 명시되어 있다. 학계에서는 전문 지식을 도메인 지식(domain knowledge) 또는 전문가 지식(expert knowledge)으로 이해하고 있다. 도메인 지식은 컴퓨터 공학 분야에서 전문가 시스템을 구축하기 위해 시스템이 모방하고자 하는 전문가의 지식을 지칭하는 용어로 쓰이고 있다. 전문가 지식은 특정 주제에 대해 일반적으로 알려지지 않은 실질적 정보를 말하며, 전문가는 특정 정보를 보유하고 특정 해석의 기준이 되는 사람이다. 따라서 과학자들은 전문가가 특정 맥락에서 일어날 일을 예측하는 것을 "전문가 판단"이라고 부른다.

전문가 지식은 정규 교육, 훈련, 연구, 개인 경험 등을 통해 형성될 수 있다(Burgman et al., 2011). 전문가가 지식을 활용해 예측할 때 우리는 이를 전문가 판단(expert judgment)이라 부르며, 전문가는 정보를 보유하고, 해석에 있어 신뢰를 받는 사람을 말한다(Barley & Kunda, 2006). 전문가 판단의 품질은 보정(calibration)과 정보성(informativeness)으로 평가된다. 보정이란 판단이 실제와 얼마나 일치하는가를 말하고, 정보성이란 판단의 정밀도와 신뢰도를 말한다. 전문가 판단의 신뢰도는 단지 학력이나 이력서가 아닌 지속적인 피드백과 반복 학습에 의해 길러진다(Ericsson, 1996). 전문가들의 의도적 훈련(deliberate practice)이 스스로의 전문성을 향상시키는 구조다.

맥브라이드와 버그만(McBride & Burgman, 2011)에 따르면, 전문성에는 세 가지 유형이 있다. 실질적(substantive) 전문성, 규범적(normative) 전문성, 적응적(adaptive) 전문성. 실질적 전문성은 보유하고 있는 해당 분야 지식이 전문적이라고 인정되는 경우를 의미한다. 규범적 전문성은 판단을 명확하게 표현하는 능력을 의미한다. 적응적 전문성은 새로운 맥락에서 지식을 전이하거나 추론하는 능력을 의미한다. 이러한 전문성을 갖추고 있는 경우에는 전문가 판단으로 인정된다.

전문 지식의 유용성은 '그 정보가 과학적으로 얼마나 엄밀하게 얻어졌는가?'와 '얼마나 정확한가?'에 달려 있다. 전문가 지식을 추출하기 위해서는 복수 전문가를 어떻게 다룰 것인가, 판단을 어떻게 통합할 것인가, 편향을 어떻게 줄일 것인가, 그리고 정확성을 어떻게 검증할 것인가를 고려해야 한다. 최종적으로 전문가 지식은 불확실성과 편향이 최소화되었는지 검토되어야 한다. 이러한 검토를 통해 전문가 판단의 정확도와 정보의 가치가 높아지고, 불확실성도 잘 반영될 수 있다.

AI 시스템을 개발하고 운영하기 위해서는 데이터의 준비와 처리가 중요하다. 이 과정에서 인간의 사전 지식은 데이터의 품질을 보장하고, 의미 있는 형태로 가공하는 데 필수적이다. 예를 들어, 의료 분야에서 AI를 활용하려면 의학적 지식을 바탕으로 데이터를 분류하고 정제하는 과정이 필요하다. AI 시스템을 운영하며 환자 상담 및 진단에 활용되는 경우에도 마찬가지다. 인공지능은 기존 데이터를 바탕으로 예측하고 의사 결정을 지원하지만 최종적인 판단은 인간이 내린다. 이때 인간에게 필요한 것이 바로 의사로서 가지고 있는 의학에 대한 사전 지식이며, 연구자들은 이러한 지식을 전문 지식이라고 부른다.

전문가의 역할이란 무엇이며 미래에도 전문가의 역할은 중요할까? 휴먼인더루프(HITL, Human-in-the-loop) 관점에서 전문가의 역할에 관해 이야기하며 미래의 전문가의 역할에 대해 예측해 볼 수 있다. 휴먼인더루프 시스템은 인간의 개입을 통해 AI 시스템을 향상시키는 순환 구조를 말한다(Amershi et al., 2014). 이러한 시스템에서 전문가의 역할은 단순한 검토자나 승인자가 아니라 AI의 성능과 신뢰성을 높이는 핵심 지식 주체다. 특히 전문가 지식과 도메인 지식의 제공자로서 AI 시스템과 인간 사용자의 신뢰와 이해를 매개하는 중계자로 기능한다. 구체적으로 전문가의 역할에는 지식 제공, 훈련 데이터의 품질 향상, 설명 검증, 위험 완충이 있다.

지식 제공자로서 전문가의 역할은 AI 시스템 개발 초기에 학습에 필요한 전문 지식과 맥락적 규칙을 제공하는 것이다. 예를 들면, 의료 전문가는 의료 AI에서 "QT 간격 연장"이 부정맥 신호라는 규칙과 정보를 제공한다. 또한, 전문가의 훈련 데이터의 품질 향상자로서 AI 모델이 학습할 수 있도록 고품질 라벨링(labeling) 작업에 참여하거나 모델 개선을 위한 피드백 루프를 제공한다. 이러한 역할은 특히 전문가가 해석해야 하는 정밀한 데이터(의료 영상, 법률 문서 등)에서 중요하며, 전문가의 실시간 피드백을 통해 AI가 잘못된 추론을 반복하지 않도록 수정하는 것을 가능하게 한다.

전문가는 설명 검증을 통해 AI의 판단 이유에 대해 합리적 설명인지 판단하여 AI 시스템 설계에 도움을 준다. 예를 들면, 시스템의 판단 기준과 원인 설명이 실제 전문가의 판단 근거와 일치하는지 검토하여 인공지능 시스템의 설명 전략 설계를 가능하게 한다. 또한, 전문가는 자율 주행, 진단 시스템과 같이 고위험 환경에서는 AI의 판단을 직접 검토 및 수정하는 역할을 한다. 이러한 역할을 통해 AI 오작동을 방지하고 잠재적인 위험을 줄인다.

휴먼인더루프 시스템은 단순히 데이터 수집 단계에서 끝나는 것이 아니라 인간이 반복적으로 개입하며 모델을 학습, 수정, 그리고 보완하는 구조를 가진다(Amershi et al., 2014). 전문가의 설명 수용 가능성과 실무 해석력이 XAI 평가의 핵심 지표라는 주장도 존재한다(Doshi-Velez & Kim, 2017). AI와 인간의 관계를 대립적 자동화로만 보지 않고, 상호 보완적 증강 또는 보완적 지능(complementary intelligence)으로 보는 해석도 제기된 바 있다(Raisch & Krakowski, 2021). 인간 전문가의 직관, 경험 기반 판단, 도덕적 판단은 AI가 다루기 어려운 영역이며, 이러한 인간 능력은 AI와 함께 작동할 때 보완적 지능을 형성한다(Raisch & Krakowski, 2021). 따라서 AI가 도출한 결과를 해석하고 적용하는 과정에서도 인간의 역할이 중요하다.

전문 지식은 오랜 기간 갈고 닦아 구성할 수 있는 지식으로 시간을 투자하여 반복적인 의도적 훈련을 통해 스스로를 갱신함으로써 얻을 수 있다. 이곳에서 AI와 인간이 구별될 수 있는 지점을 찾게 해 준다. AI는 개발자의 업데이트를 통해 성능이 향상되지만 인간은 스스로를 발전시키면서 성능을 향상시킨다. 사전 지식을 넘어 전문 지식을 형성하는 것은 인간의 강점이다. 그리고 이렇게 쌓아 올린 전문 지식은 인간의 고유한 영역이 될 수 있다고 예상된다.

참고문헌

Amershi, S. et al.(2014). Power to the people: The role of humans in interactive machine learning. *AI magazine, 35*(4), pp.105~120.

Doshi-Velez, F. & Kim, B.(2017). Towards a rigorous science of interpretable machine learning. arXiv preprint arXiv:1702.08608.

Raisch, S. & Krakowski, S.(2021). Artificial intelligence and management: The automation-augmentation paradox. *Academy of management review, 46*(1), pp.192~210.

06
협업과 사전 지식

인공지능과 인간의 협업은 단순히 기술적 연결이 아니라 신뢰와 이해의 체계를 구축하는 과정이다. 미래의 협업은 단순한 기능적 분업을 넘어서, 신뢰를 기반으로 이루어져야 한다. 설명 가능한 인공지능은 협업의 언어를 제공하고, 공유된 정신 모델은 협업의 인지적 구조를 제공한다. 이를 위해 인공지능과의 구체적인 협업 전략을 설계해야 한다.

AI와 야구?

자동화

인공지능과 인간의 협업은 이미 본격화되고 있다. 산업 전 분야에서는 생성형 인공지능의 도입을 시도하고 있으며, 특히 금융, 헬스 케어(health care), 관광, 물류, 제조 같은 분야에서는 인공지능 도입률이 늘어날 것으로 예측된다. 특히 AI 도입이 적극적으로 이루어지면 데이터 기반 프로세스 및 품질 최적화 또는 프로세스 가시화 그리고 안정화와 같은 작업이 수행될 것으로 예상된다. 인공지능과 인간의 협업 영역은 대부분 자동화된 의사 결정 시스템을 포함하게 될 것으로 보인다.

자동화(automation)는 인간의 개입을 최소화하거나 제거하고, 기술을 활용하여 작업이나 과정을 스스로 수행하도록 만드는 것을 의미한다. 이는 기계, 소프트웨어, 알고리즘, 로봇 등을 활용하여 이루어지며, 단순 반복 작업에서부터 복잡한 의사 결정 과정까지 포괄한다. 인간에게 가장 익숙한 자동화 기계는 가정용 온도 조절기로, 인간은 특정 온도를 설정하면 온도를 유지하기 위한 작업이 자동적으로 수행되는 기계를 오래전부터 사용해 왔다. 인공지능도 이러한 자동화 속성을 가지고 있으며, 현장에서 수요 예측과 물류 관리 같은 작업을 수행하며 인간들과 함께 일하고 있다.

자동화가 이루어질 수 있는 인간 활동의 범위가 있으며, 인간의 활동 범위를 고려하여 인간과 자동화 상호 작용이 발생할 수 있다. 기존 문헌에서는 인간-자동화 상호 작용의 종류와 수준을 설명하는 종합 모델을 제안하였다(Parasuraman et al., 2000). 이러한 종합 모델에 따르면, 자동화 단계는 인간 정보 처리 과정의 4단계 모델에 기반하여 다음과 같이 나뉜다. 정보 획득(Information Acquisition), 정보 분석(Information Analysis), 의사 결정 및 행동 선택(Decision and Action Selection), 행동 수행(Action Implementation). 예를 들어, 가정용 온도 조절기의 경우에는 센서가 주변 온도를 감지하는 기능은 정보 획득 단계로, 주변 온도와 설정된 기준 온도와 비교하는 기능은 정보 분석 단계로 설명된다. 다음으로 온도 조절기가 실내 온도를 높이거나 낮추기 위해서 동작을 결정하고 수행하는 자동화 단계로 이어지는 것으로 설명된다. 각 단계는 다양한 수준(degree)의 자동화로 구현될 수 있다.

하지만 인간-자동화 상호 작용 연구에서 자동화로 인한 문제가 발생할 수 있는 것으로 확인되었다(Parasuraman & Riley, 1997). 구체적으로 불균형한 작업 분배가 나타날 수 있고, 자동화 시스템과 상호 작용하는 사용자의 시스템 인식 저하, 결정 편향, 불신, 과도한 의존, 경각심 부족 그리고 수동 능력 감소와 같은 문제점들이 발견되었다. 기존 연구에서는 자동화가 성능 이득을 제공하기도 하지만 과도한 의존과 과신도 함께 초래하는 것으로 확인되었다(Galster et al., 2001). 또한, 자동화로 인한 경계심 결여(complacency)와 기억력 저하가 발생하며(Horrey & Wickens, 2001), 자동화가 제공하지 않는 정보에 대해 사용자 주의가 현저히 떨어지는 것을 확인했다(Yeh et al., 1999). 이러한 문제점들로 인해 자동화 시스템과의 상호 작용 상황에서 구체적인 협업 전략의 중요성이 증가하고 있다.

인공지능과 인간의 협업은 단순히 역할 분담을 넘어서, 어떻게 상호 작용하고 의사 결정을 나눌 것인가에 따라 다양한 방식으로 진화하고 있다. 사용자 중심적 설계 원칙에 기반하여 인간을 판단의 주체로 남겨 두어야 한다. 따라서 인공지능은 인간을 대체하기보다는 '보완하는 방향으로 발전하고 있으며, 이는 설명 가능한 인공지능과 공유된 정신 모델(Shared Mental Model) 적용을 통해 더 효과적으로 이루어질 수 있다. 이러한 개념들은 자동화의 문제점을 보완하고, 인간의 의사 결정 능력을 유지한 채 AI와의 협업을 가능하게 한다.

설명 가능한 인공지능

협업을 위한 구체적 전략으로 설명 가능한 인공지능이 있다. 설명 가능한 인공지능이란 AI가 산출한 결과의 근거를 사용자에게 설명하는 것이다. 예를 들면, 어떤 기준으로 판결을 내렸는지 설명하는 법률 판결 보조 인공지능을 설명 가능한 인공지능이라고 부른다. 이러한 시스템은 AI가 도출한 결정의 이유와 근거를 인간이 이해할 수 있도록 설명하는 시스템 설계 방식을 반영한다. 이는 협업에서 인간이 AI의 출력을 맹목적으로 수용할 수 없기 때문에 필수적이다. 또한, 미래에는 인공지능의 판단을 수용하는 인간에게 설명을 통해 책임 있는 판단을 유도하고 피드백을 제공할 수 있도록 설명 가능한 인공지능이 적극적으로 도입될 것으로 예상된다. 예를 들면, 의료 분야의 AI가 "이 환자는 위험하다"고만 하는 것이 아니라 "심전도에서 QT 간격이 비정상적으로 연장되었기 때문이다"라고 설명할 수 있어야 인간과의 협업이 가능하다.

설명 가능한 인공지능은 투명성, 해석 가능성, 그리고 설명 가능성(explainability)이라는 3가지 원칙을 가지고 있다(Roscher et al., 2020). 투명성(transparency)은 머신러닝 알고리즘, 모델 구조, 학습 알고리즘의 작동 방식이 명확히 이해 가능한지를 척도로 삼는다(Lipton, 2018). 투명성은 구조와 매개 변수의 수학적 명시 가능성을 의미하는 모델 투명성, 모델 설계 의사 결정의 명확성을 의미하는 설계 투명성, 그리고 학습 알고리즘 및 학습 과정의 재현 가능성을 의미하는 알고리즘 투명성으로 구성되어 있다(Guidotti et al., 2018; Montavon et al., 2018). 커널 기반 학습법은 수학적으로 해석 가능하기 때문에 투명하다고 볼 수 있다. 한편, 딥러닝은 구조는 명시적이지만 하이퍼파라미터(hyper-parameter) 선택이나 학습 결과는 불투명할 수 있다. 따라서 투명성은 데이터와 무관하게 모델 자체의 속성에 초점을 맞춘다.

해석 가능성(interpretability)은 머신러닝 모델이 만든 예측이나 내부 표현을 사람이 이해할 수 있는 형태로 표현하는 것을 의미한다(Ribeiro et al., 2016). 해석 가능성을 높이기 위해서 머신러닝 모델을 설명할 수 있는 라임(LIME), 샤프(SHAP) 등의 대리 모델을 사용하고, 특징 중요도와 사례를 추출하여 사용자에게 제공한다. 또는 해석 가능성 향상을 목적으로 사용자 친화적으로 시각화하는 방식을 채택하기도 한다. 머신러닝 모델의 결과가 나온 뒤에 사후 학습 해석(post-hoc interpretability)을 제공하는 방법을 비롯하여 연구자들은 사용자의 이해를 도우려는 시도를 지속하고 있다. 궁극적으로 해석 가능성은 데이터와 모델의 상호 작용에 기반하며 인간이 이해할 수 있는 방식으로 모델 출력을 바꿔 주는 과정을 포함한다.

설명 가능성은 인간 사용자에게 왜 그런 결과가 나왔는지를 설명하는 과정을 포함한다(Miller, 2019; Mittelstadt et al., 2019). 주로 AI 모델이 "왜 그런 판단을 했는가?"를 다루며, 사용자 목표에 맞는 설명 유형(무엇을/어떻게/왜)을 제공한다. 설명 가능성을 높이기 위해서는 도메인 지식의 맥락 포함이 필요하고, 설명 과학(법학, 인지과학, 철학 등)의 관점을 고려해야 한다. 따라서 설명은 해석 가능성 위에 도메인 기반 맥락 정보와 사용자 목적이 더해져야 하기 때문에 일부 연구자들은 알고리즘적으로 설명을 제공하는 것만으로는 불충분하다는 입장을 가지고 있다.

설명 가능한 인공지능은 기술 중심 접근에서 점차 사용자 중심 접근으로 전환되어 왔다(Miller, 2019). 이 과정에서 투명성은 모델 구조와 학습 과정에 대한 이해 도구, 해석 가능성은 예측 근거를 직관적으로 해석하는 도구, 설명 가능성은 예측 결과에 맥락과 의미를 부여하여 판단을 돕는 도구로 발전되었다. 머신러닝 모델의 투명성, 해석 가능성, 그리고 설명 가능성은 사용자 중심으로 변화했다. 앞으로 설명 가능한 인공지능은 인간과 인공지능 사이의 의사소통을 중재하고 번역하는 역할을 수행하게 될 것으로 기대된다.

인공지능과 인간이 효과적으로 협업하기 위해서는 사전 지식이 중요한 역할을 한다. 사전 지식은 인간과 AI가 정보를 처리하고 결정을 내리는 방식에 영향을 미치며, 협업의 질을 높이는 핵심 요소로 작용한다. AI 시스템을 효과적으로 활용하려면 인간이 AI의 작동 원리를 이해하고 있어야 한다. 반대로 AI 시스템도 인간이 제공하는 입력을 이해할 수 있도록 데이터에 기반한 학습이 필요하다. 인간과 인공지능의 협업이 효과적이기 위해서는 "사전 지식"이 핵심적인 역할을 하며, 이는 양방향으로 작동한다.

공유된 정신 모델

공유된 정신 모델은 이러한 양방향 상호 작용을 가능하게 한다. 이 개념은 팀 구성원들이 수행해야 할 과업과 그 과업을 수행하는 데 필요한 팀워크에 대한 이해를 공유할 때, 성과가 향상된다는 것을 시사한다. 공유된 정신 모델은 협업 참여자들이 공유하는 목표, 역할, 정보 구조, 기대치에 대한 인지적 틀이다. 인간-인간 협업에서 팀워크의 핵심으로 연구되어 왔고, 최근에는 인간-AI 협업에도 공유된 정신 모델 개념이 확장되고 있다. 이 개념은 AI가 인간의 관점과 문맥을 고려하여 반응할 수 있으려면 공유된 정신 모델에 기반한 설계가 필요하다는 시각을 제공한다.

사람은 세상과 상호 작용하기 위해 내면에 세계에 대한 표상(representation)을 가지고 있다. 이러한 내면 구조를 정신 모델(mental model)이라고 한다. 예를 들어, 어떤 시스템의 구조와 작동 원리, 외부 요인이 시스템에 미치는 영향 등에 대한 지식이 정신 모델에 포함된다. 정신 모델은 시스템을 이해하고 제어하고 예측하는 것을 가능하게 하며, 인간이 시스템과 성공적으로 상호 작용할 수 있게 해 준다. 정신 모델의 기능적 정의에 집중하면 정신 모델은 단순한 정보가 아니라 설명, 예측, 이해 기능을 수행하는 도식이다.

정신 모델 개념을 확장시켜 공유된 정신 모델을 이해할 수 있다. 공유된 정신 모델이란 팀 구성원 모두가 정확한 설명과 예측을 가능하게 하는 지식 구조를 보유함으로써 과업과 팀 구성원에 대한 기대를 공유하고, 그에 따라 행동을 조율하고 적응할 수 있게 하는 것이다. 공유된 정신 모델은 완전히 동일한 정신 모델을 요구하지 않고 "호환 가능한(compatible)" 정신 모델을 통해 공통된 기대를 형성한다. 팀 구성원들은 팀의 행동을 예측하기 위해 서로에 대한 모델을 갖고 있으며, 이를 통해 행동 조율과 예측 기반의 협업이 가능해진다.

공유된 정신 모델은 다음과 같은 4가지 유형으로 나뉠 수 있다(Jonker et al., 2010). 과업 모델(task model)은 수행해야 할 작업 절차에 대한 공유된 이해를 의미한다. 장비 모델(equipment model)은 도구와 장비에 대한 기능적 이해를 의미한다. 팀 상호 작용 모델(team interaction model)은 역할, 책임, 정보 흐름 등 팀 내 상호 작용에 대한 모델을 의미한다. 마지막으로 팀 구성원 모델(team member model)은 서로의 능력, 지식, 선호 등에 대한 이해를 의미한다. 이렇게 공유된 정신 모델의 개념을 구조화하여 AI 에이전트 설계를 위한 이론적 기반을 마련하려는 시도가 이루어지고 있다.

AI와 인간의 협업은 단순히 기술적 연결이 아니라 신뢰와 이해의 체계를 구축하는 과정이다. 설명 가능한 인공지능은 협업의 '언어'를 제공하고, 공유된 정신 모델은 협업의 '인지적 구조'를 제공한다. 미래의 협업은 단순한 기능적 분업이 아니라 신뢰를 형성할 수 있는 시스템 디자인을 통해 이루어지는 정보 상호 작용에 기반한 협업이다.

참고문헌

Galster, S. et al.(2001). Effects of automated cueing on decision implementation in a visual search task. In *Proceedings of the Human Factors and Ergonomics Society Annual Meeting, 45*(4), pp.321~325.

Guidotti, R. et al.(2018). A survey of methods for explaining black box models. *ACM computing surveys(CSUR), 51*(5), pp.1~42.

Horrey, W. & Wickens, C.(2001). Supporting situation assessment through attention guidance: A cost-benefit and depth of processing analysis. In *Proceedings of the Human Factors and Ergonomics Society Annual Meeting, 45*(4), pp.316~320.

Jonker, C. et al.(2010). Shared mental models: A conceptual analysis. *Coordination, Organizations, Institutions, and Norms in Agent Systems VI*, 6541, pp.132~151.

Mathieu, J. et al.(2000). The influence of shared mental models on team process and performance. *Journal of applied psychology, 85*(2), p.273.

Miller, T.(2019). Explanation in artificial intelligence: Insights from the social sciences. *Artificial intelligence*, 267, pp.1~38.

Mittelstadt, B. et al.(2019). Explaining explanations in AI. In *Proceedings of the conference on fairness, accountability, and transparency*. pp.279~288.

Montavon, G. et al.(2018). Methods for interpreting and understanding deep neural networks. *Digital signal processing*, 73, pp.1~15.

Parasuraman, R. et al.(2000). A model for types and levels of human interaction with automation. *IEEE Transactions on systems, man, and cybernetics-Part A: Systems and Humans, 30*(3), pp.286~297.

Parasuraman, R. & Riley, V.(1997). Humans and automation: Use, misuse, disuse, abuse. *Human factors, 39*(2), pp.230~253.

Roscher, R. et al.(2020). Explainable machine learning for scientific insights and discoveries. *Ieee Access*, 8, pp.42200~42216.

Yeh, M. et al.(1999). Target cuing in visual search: The effects of conformality and display location on the allocation of visual attention. *Human factors, 41*(4), pp.524~542.

07
창의성과 사전 지식

인공지능은 창작을 돕는 도구일 뿐, 창조의 주체는 여전히 인간이라고 할 수 있다. 기술과 예술은 상호 작용하지만 기술이 예술의 경지에 오르기 위해서는 인간의 해석과 개입이 필요하다. AI가 인간의 창의성을 뛰어넘을 수도 있다는 우려가 있다. 창의성은 산출물이 아니라 인간의 해석 행위에서 발생하는 것일 수 있다. 인간의 창의성은 개념적 융합처럼 새로운 의미를 발견하고 연결하는 것으로 변모한다.

AI와 윤동주?

창의성

인간의 창의성이란 무엇일까? 창의성은 새롭고 유용한 아이디어를 생성하는 능력이며, 단순한 직관이 아니라 기존 지식의 재구성, 연결, 의미의 전환에서 나온다(Runco & Jaeger, 2012). 창의성은 종종 기존의 사전 지식을 비틀거나 초월함으로써 발생하기도 한다. 예를 들어, 아인슈타인의 상대성 이론은 창의성을 기반으로 뉴턴 역학이라는 기존 스키마를 바탕으로 재구성함으로써 탄생할 수 있었다. 또한, 익숙한 재료의 낯선 조합으로 이루어지는 예술가의 작업은 창의적인 결과물을 만들어 내기도 한다.

인간은 기존의 사전 지식을 바탕으로 새로운 아이디어를 창출할 수 있지만 AI의 창의성은 학습된 패턴의 재조합에 국한된다. 하지만 문제는 AI가 학습된 패턴의 재조합에 기반하여 결과물을 내놓았을 때 인간이 그것을 새롭다고 여기는 데서 발생한다. 그림을 그리는 생성형 AI는 통계적으로 가능성이 높은 조합을 생성한다. 생성형 AI는 학습된 통계적 패턴을 조합하여 인간에게는 낯설지만 유사해 보이는 이미지를 만들어 낸다. 인간은 그것에 대해 의미를 부여하며, 때로는 그것을 창의적 산출물로 해석한다. 이때 창의성은 산출물이 아니라 인간의 해석 행위에서 발생하는 것일 수 있다.

AI가 인간의 창의성을 뛰어넘을 수도 있다는 우려가 있다. 하지만 AI는 그림을 그릴 줄 아는 사람이 잘 그릴 수 있도록 도울 수는 있지만 그림을 그릴 줄 모르는 사람이 잘 그리게 만들지는 못한다. 즉, 소실점, 구도, 색감 등과 같은 사전 지식이 있는 사람들은 AI를 도구로 활용하여 그림을 잘 그리게 될 수 있다. 게다가 의미를 부여하고 해석하는 행위가 인간의 고유한 특성이라면 앞으로 예술은 의미 있고 아름다운 것으로 방향을 바꾸게 될 것으로 예상된다. 마찬가지로 인간의 창의성은 개념적 융합처럼 새로운 의미를 발견하고 연결하는 것으로 변모하게 된다.

개념적 융합

개념적 융합(conceptual blending)은 두 개 이상의 개념 공간(conceptual spaces)을 서로 부분적으로 융합시켜 기존에 존재하지 않던 새로운 의미 공간을 생성하는 인지적 메커니즘이다(Fauconnier & Turner, 1998). 다시 말해 서로 다른 개념 영역에서 온 두 개 이상의 아이디어, 이미지, 또는 구조를 통합하여 새로운 의미, 아이디어, 또는 창의적 산출물을 만들어 내는 인지적 과정이다.

개념적 융합은 네 가지 공간, 즉 두 개의 입력 공간과 공통 공간, 그리고 융합 공간(blended space)으로 구성된다. 공통 공간은 두 입력 공간 간의 공통 구조를 의미하며, 융합 공간은 두 입력의 핵심 요소가 통합되어 새로운 의미나 비유가 창출되는 구조를 의미한다. 예를 들어, 뇌를 컴퓨터에 비유하여 표현하는 "인간은 정보 처리 기계다"라는 문장은 개념적 융합을 통한 새로운 의미가 창출된 표현으로 융합 공간에서 탄생할 수 있는 개념이라 할 수 있다.

AI는 그림, 음악, 글쓰기 등의 창작을 도울 수 있지만 창작의 방향을 설정하고 의미를 부여하는 것은 인간의 몫이다. 학습된 데이터를 바탕으로 만들어지는 새로운 패턴은 AI가 생성한 것이지만 개념적 의미나 철학적 맥락을 스스로 이해하지 못한다. 반면에 인간은 감정, 경험, 철학적 사고, 맥락적 이해 등을 바탕으로 새로운 개념을 만들어 낼 수 있다. 따라서 AI는 창작을 돕는 도구일 뿐, 창작의 주체는 여전히 인간이라고 할 수 있다. 기술과 예술은 상호 작용하지만 기술이 예술의 경지에 오르기 위해서는 인간의 해석과 개입이 필요하다.

AI는 창의적 사고를 촉진하는 역할을 할 수 있다. 특히 AI는 데이터에 기반한 발상 도약, 연상 확장, 자료 결합의 실험에 유리하다. 인간은 이를 비판적으로 수용하고 의미를 새로운 맥락에 적용한다. 인간과 인공지능의 협업을 통한 확산적 사고(divergent thinking)가 가능해진다. AI의 보조 전략에는 아이디어 브레인스토밍을 언급할 수 있다. AI는 유사 사례를 추천하고 상상할 수 없는 조합을 제안할 수 있으며, 패턴 발견 및 통계 기반 시사점 제공할 수 있다. 그렇다면 인간은 AI의 추천과 제안을 보고 자신의 기준으로 수정할 수 있다. 예를 들면, 작곡가는 AI가 만든 패턴을 기반으로 수정하여 곡을 발전시키는 것도 가능하다.

AI를 활용하여 창의성을 발휘하는 일에서조차 인간의 사전 지식이 중요하다. 창의성은 무(無)에서 나오는 것이 아니라 기존의 사전 지식과 의미 있는 충돌을 통해 발생하는 경우가 많다. 인간은 AI의 출력을 해석하고, 유의미하게 수정하고, 비판적으로 검토하는 과정을 거쳐 새로운 작업물을 만들어 낼 수 있다. AI를 효과적으로 사용하려면 인간은 사전 지식을 바탕으로 맥락을 이해하고 판단 가능성을 높여야 한다. 사전 지식은 창의성의 근간이며, 인간의 창의성은 사전 지식을 발판으로 새로운 해석을 만들어 내는 능력으로 정의할 수 있다. AI는 인간의 사전 지식을 넓히는 데 기여할 수 있으나 의미를 만들어 내는 주체는 인간이라는 것을 잊지 말아야 한다.

참고문헌

Fauconnier, G. & Turner, M.(1998). Conceptual integration networks. *Cognitive science, 22*(2), pp.133~187.

Runco, M. & Jaeger, G.(2012). The standard definition of creativity. *Creativity research journal, 24*(1), pp.92~96.

08
질문하기

질문이 곧 방향이다. 목적이라는 명확한 기준이 있으면 방향을 설정하기 쉬워지고, 방향을 설정하면 한 걸음을 내딛기가 쉬워진다. 목적에 맞는 질문을 하는 것이 가장 중요하다. 생성형 인공지능 시대의 질문은 단순한 정보 탐색이 아니라 인간의 사고를 구조화하는 방식이다. 질문은 사고 확장의 출발점이자 인간의 '생각하는 방식'을 재구성하는 힘이 있다.

AI와 한의학?

질문하는 힘

좋은 질문은 좋은 답을 끌어낸다. '질문하기'는 현재 상용화된 생성형 AI를 효과적으로 활용하는 데 핵심 역량이다. 생성형 AI는 주어진 입력[프롬프트(Prompt), 쿼리(Query)]을 바탕으로 답변을 생성하기 때문에 어떻게 질문하느냐에 따라 답변의 질과 형태가 달라진다. AI를 잘 활용하려면 명확하고 구체적인 질문을 제시하고, 원하는 답변 형식과 맥락을 함께 설정하는 것이 중요하다. 입력과 출력은 긴밀히 연결되어 있으며, 이 관계의 핵심에는 '질문'이 자리하고 있다. AI는 사용자의 입력 방식에 따라 성격이 달라지게끔 설계된 도구다. 질문하는 방식에 따라 창의적인 아이디어를 얻을 수도, 단순한 정보만 얻을 수도 있다. 생성형 인공지능 시대에는 질문의 질이 AI 활용을 좌우하는 주요 요인이다.

정도의 차이는 있지만 기본적으로 학습자는 학습 내용을 더 깊이 있게 다룰 수 있도록 불러낼 수 있는 메타인지 자원을 가지고 있다. 메타 인지 과정을 촉진하고 학습 몰입을 유도하는 방법의 하나로 사전 방향 제시 질문(advance/orienting questions)에 주목하고자 한다. 이러한 사전 방향 제시 질문은 학습자가 학습 필요를 선택적으로 예측하고, 관련 정보와 비관련 정보를 구별하며,

이해 과정을 감시할 수 있는 관점을 제공한다(Anderson & Biddle, 1975; Andre, 1987; King, 1992). 이러한 질문의 효과는 질문의 명확성과 질문 뒤에 주어지는 학습 내용과의 연관성에 따라 달라진다.

질문의 효과는 질문의 수준에 따른 차이에 의해서 달라진다(Adams & Bruce, 1980; Ausubel, 1968; Mayer, 1984). 낮은 수준의 방향 제시 질문(explicit orienting questions)은 구체적인 정보나 세부 사항에 주의를 집중시키지만 이는 종종 문제 해결, 추론, 지식 통합 같은 고차 사고 능력 발달을 방해한다. 반면에 높은 수준의 방향 제시 질문(high-level orienting questions)은 단순히 정보를 걸러 내는 것이 아니라 학습자가 내용을 통합하고 연결하게 만든다. 또한, 높은 수준의 질문은 관계를 설정하고, 딜레마를 인식하고, 문제를 해결하도록 요구한다. 기존 연구들은 이러한 높은 수준의 질문이 기존 지식을 활성화하는 것뿐만 아니라 단순한 선택을 넘어서 지식의 통합과 적용까지 유도한다고 보고했다.

한 연구에서는 실험을 통해 수업 전에 방향 제시 활동에 참여한 사람들이 사전 지식이 활성화되어 수업에서 적극적으로 학습하고 좋은 태도를 보인다는 것을 밝혀냈다(Osman & Hannafin, 1994). 실험에 참여한 사람들은 방향 제시 활동으로 질문을 듣거나 질문과 함께 질문의 목적과 활용 방법에 대한 '이유(rationale)'를 제공받았다. 이러한 질문은 학습자의 인지적 몰입을 유도하고, 새로운 지식을 받아들일 때 기존 관점을 통합하거나 수정하게 한다. 방향 제시 질문은 학습자가 개념 관련 사전 지식과 예측 관점을 활성화하여 정보 선택 및 통합을 도와주는 역할을 한다. 또한, 질문의 사용 이유를 제공하면 학습자들이 질문을 더 효과적으로 활용하고, 학습과 수업에 더 긍정적인 태도를 보였다. 연구 결과는 방향 제시 활동이 메타 인지적 지원 도구로 작용할 수 있다는 가능성을, 특히 개념 중심 질문이 사전 지식을 활성화하여 학습자의 사고를 자극하고, 지식 통합을 유도한다는 것을 보여 주었다.

이 연구에서는 질문만 제시된 집단보다 질문과 함께 질문 이유를 제공받은 집단이 학습을 더 많이 했고, 질문을 더 성공적으로 사용했으며, 수업에 대해 더 긍정적인 태도를 보였다. 구체적인 상황을 설명하면 생물학 수업 전에 "당신에게 '분리(segregation)'라는 단어는 어떤 의미인가요?"와 같은 질문만 듣고 수업에 참여한 사람들보다 "이 질문들은 유전 형질의 유전 가능성과 외형을 예측하는 데 도움이 될 것입니다"와 같은 질문 이유까지 듣고 수업에 참여한 사람들이 실험에서 더 좋은 성과를 보였다. 이러한 질문은 학습자가 자신의 기존 지식과의 연관성을 인식하게 만들고, 자신의 학습 과정을 점검하고 조절할 수 있게 한다. 이러한 사고 과정은 학습자가 수업뿐만 아니라 다른 학습 상황에서도 적용할 수 있도록 내면화될 수 있다. 게다가 사전 지식이 많은 학습자가 사전 지식이 적은 학습자보다 더 좋은 성과를 보였다. 연구 결과는 질문을 잘하기 위해서는 사전 지식이 도움 된다는 것을 시사한다.

AI를 도구로 인식하고 반복적인 수정 과정을 통해 질문을 정교화하는 태도가 필요하다. 특정 주제에 대한 최소한의 이해는 효과적인 질문을 구성하는 데 필수적이며, 이는 AI의 출력 품질을 높이는 데 결정적인 역할을 한다. 비록 처음 질문이 완벽하지 않더라도 AI의 답변을 바탕으로 질문을 계속 다듬어 가는 접근은 매우 유효하다. 인공지능과의 상호 작용을 통해 질문을 구체화할 수 있고, 이를 통해 더 나은 결과를 도출할 수 있다. AI는 창의성의 원천이 아니라 창의성을 끌어내는 도구이므로 적절한 프롬프트를 입력하는 것이 핵심이다. 결국 AI 활용의 성패는 '얼마나 잘 묻는가'에 달려 있으며, 이는 ChatGPT를 포함한 다양한 생성형 AI 서비스 활용 교육에서 공통된 이해와 실천적 합의로 자리 잡고 있다.

우리는 생성형 AI에게 어떻게 질문해야 할까? ChatGPT에게 잘 질문하는 법에 대한 자세한 설명서는 없지만 효과적인 활용을 위한 질문의 요소로 명확성(clarity), 구체성(specificity), 형식 설정(format-setting), 맥락(context)을 고려한다. 출력의 질과 형태가 질문 입력에 따라 달라진다. 따라서 질문은 모호하지 않고 명확하며, 구체적인 배경, 목적, 상황을 포함하면 답변이 더 정밀해진다. 또한, 원하는 답변의 형식을 미리 말해 주고 질문에 앞서 어떤 상황인지 설명해 주면 더 관련성 높은 답변을 받을 수 있다. 예를 들면, "이력서 잘 쓰는 법은 무엇인가요"보다는 "마케팅 직무에 지원하는 신입 이력서에서 강조할 부분은 무엇인가요"라고 물으면 더 좋은 답변을 얻을 확률이 높아진다. 결국 좋은 질문은 목적과 맥락, 형식까지 전달하는 것이다.

인공지능에게 좋은 질문을 던지기 위한 방법을 비유적으로 표현하면 머릿속에 있는 그림을 인공지능의 머릿속에 그려 주는 것이다. 자신의 머릿속에 있는 그림을 공유하려면 그 그림이 어떤 그림인지를 자세하게 알려주어야 한다. 말을 알아듣게 설명하기 위한 노력이 필요하다. 결국 인공지능에게 질문하는 행위는 효과적인 의

사소통 방법에 대한 고민의 연장선에 있다. 이러한 ChatGPT와 같은 대화형 사용자 인터페이스를 활용하기 위해서는 대화의 기술과 상대에게 자신의 말을 잘 전달하는 방법에 다시 관심을 기울여야 한다. 여기가 인간에 대한 이해와 의사소통에 대한 이해가 필요한 지점이다.

여기에서 더 나아가 생성형 인공지능뿐만 아니라 인공지능 기술 활용에 있어 전반전인 질문 능력을 함양하고자 한다면 또 다른 시각이 필요하다. 인공지능을 도입하기 위해서는 문제의식을 느끼는 것과 문제 해결 능력을 갖추는 것이 중요하기 때문에 여기에서도 질문 능력이 중요하다. 어떤 문제를 해결하기 위해 인공지능 기술을 적용할 수 있을지에 대한 생각은 질문 능력에서 비롯되며, 이는 디자인 씽킹(design thinking)과도 이어진다. 인공지능 도입의 출발점은 단순히 "이 기술을 쓸 수 있을까?"가 아니라 "무엇이 문제인가?"를 묻는 것이다. 그리고 기술의 가능성과 한계를 이해한 후 AI를 적용할 여지를 탐색하는 과정이 바로 질문 능력과 직결된다. 문제를 올바르게 정의하고 적합한 해결책을 찾아내는 것, 이러한 흐름이 디자인 씽킹의 사고 과정과 깊게 맞닿아 있다.

질문하기 단계와 연계된 디자인 씽킹 단계는 공감하기와 정의하기로 여기에서는 사용자의 니즈(needs)와 맥락을 파악하기 위한 질문 능력이 중요하다. 문제를 올바르게 정의하려면 질문을 통해 표면 아래의 진짜 문제를 발견해야 한다. 또한, 기술을 사용해야 하는 이유가 무엇인지에 대해 고민해야 한다. 이를 위해서 AI 기술을 현장에서 도입하기 전에 "이 업무는 반드시 사람이 해야 하는가?" 또는 "AI가 개입하면 어떤 점이 더 나아질까?"와 같은 질문을 해 보고, 이러한 질문의 답을 얻기 위해 필요한 세부 질문들을 준비해 보는 것이 좋다. 사용자를 관찰하고 인터뷰하며 질문 목록을 작성해 보고, 지금 문제의 '사용자 경험'은 어떠한지 파악하는 것이 도움이 된다.

AI 도입과 디자인 씽킹의 접점에서 '질문하기-판단하기-적용하기'는 핵심 능력으로 기능하며, 이는 단순한 도입을 넘어 의미 있는 기술 활용과 문제 해결로 이어지게 한다. 스탠퍼드 디자인 스쿨(Stanford d.school)의 디자인 씽킹 원리를 바탕으로 각 요소에서 참고할 수 있는 내용들을 소개한다. 디자인 씽킹을 적용하면 '공감, 문제 정의, 아이디어 도출, 프로토타입(prototype), 그리고 테스트'라는 일련의 단계를 거쳐 인공지능 기술의 도입을 가능하게 할 수 있다. 각 단계에서 '좋은 질문'은 다음 단계로 나아가기 위한 촉매 역할을 한다.

사용자가 겪는 경험 속에서 AI가 개입할 수 있는 지점이 어디인지 정의하는 것부터 시작해 보자. 그리고 목적에 맞는 질문을 하는 것이 가장 중요하다는 것을 기억하자. 왜냐하면 목적이라는 명확한 기준이 있으면 방향을 설정하기 쉬워지고, 방향을 설정하면 한 걸음을 내딛기가 쉬워지기 때문이다. 생성형 AI 시대의 질문은 단순한 정보 탐색이 아니라 인간의 '생각하는 방식'을 도구를 통해 확장할 수 있는 시작점이다. 질문은 사고를 구조화하는 방식이다. 질문은 사고의 방향을 설정하는 중요한 단서가 될 수 있다. 질문이 곧 방향이다.

참고문헌

Adams, M. & Bruce, B.(1980). *Background knowledge and reading comprehension*. University of Illinois at Urbana-Champaign, Center for the Study of Reading; Bolt Beranek and Newman.

Anderson, R. & Biddle, W.(1975). On asking people questions about what they are reading. In G. Bower(Ed.). *Psychology of learning and motivation*, 9, pp. 89～132.

Andre, T.(1987). Questions and learning from reading. *Questions Exchange*, 1, pp.47～86.

Ausubel, D.(1968). *Educational psychology: A cognitive view*. Holt, Rinehart & Winston.

King, A.(1992). Facilitating elaborative learning through guided student-generated questioning. *Educational Psycho*logist, 27(1), pp.111~126.

Mayer, R.(1984). Aids to text comprehension. *Educational Psychologist*, 19, pp.30~42.

Osman, M. & Hannafin, M.(1994). Effects of advance questioning and prior knowledge on science learning. *The Journal of Educational Research, 88*(1), pp.5~13.

09
판단하기

생성형 인공지능 시대, 인간의 판단력은 더욱 중요해지고 있다. 사전 지식이 부족하면 잘못된 정보를 그대로 믿을 위험이 있다. 정보 신뢰성 평가와 함께 목적에 맞는 정보 평가도 중요하다. 디지털 도구를 잘 쓴다는 것은 단순히 빠르게 답을 찾는 것이 아니라 올바른 답을 식별하고 사용하는 데 달려 있다. 판단력이란 정보의 맥락과 목적에 맞는 해석과 선택을 의미한다.

AI와 화장품?

환각 정보

생성형 AI가 생성한 결과를 맹목적으로 믿는 것은 위험하다. AI는 때로 사실과 다른 정보, 즉 할루시네이션(hallucination, 환각)을 생성하거나 맥락적으로 부적절한 내용을 만들어 낼 수 있다(Maynez et al., 2020). 환각은 AI가 사실이 아닌 정보를 생성하는 현상으로 잘못된 데이터 학습, 문맥 이해 부족, 불완전한 정보 연결 등의 이유로 발생할 수 있다. ChatGPT가 실제로 존재하지 않는 학술 논문 제목과 정보를 생성한 사례가 다수 보고되었으며, 이러한 환각을 논문 초안 작성 시 그대로 인용하는 경우 큰 혼란을 초래할 수 있다.

GPT 계열 모델은 다음 단어의 확률 분포를 기반으로 언어를 생성하기 때문에 맥락이 충분히 명시되지 않은 경우에는 사실처럼 보이는 허구를 생성하는 경향이 있다. 이는 정답이 하나로 고정되지 않은 상황에서 가장 자연스러운 언어를 생성하려는 확률 기반 언어 모델의 한계로 문맥이 부족할 때 AI는 '그럴듯하지만 틀린' 정보를 만들어 낸다(Ji et al., 2023). 생성형 AI가 생성한 결과를 판단할 때에도 인간의 사전 지식이 중요하다. 사전 지식이 부족하면 잘못된 정보를 그대로 믿을 위험이 있다. AI는 설득력 있는 문장을 생성하지만 사전 지식이 부족한 사용자는 사실과 허구를 구분하기 어려울 수 있으며, 특히 의학, 법률, 과학 분야에서 잘못된 정보를 신뢰하면 심각한 문제를 초래할 수 있다. 이를 판단하고 올바르게 활용하기 위해서는 인간의 사적 지식과 비판적 사고가 필수적이다.

정보 신뢰성 평가

판단 기준으로 온라인 정보 신뢰성 평가 기준을 참고할 수 있다. 신뢰성(credibility)이란 어떤 정보 또는 그 출처가 믿을 만하다고 여겨지는 정도를 의미한다(Hovland et al., 1953). 온라인 정보 신뢰성 평가 기준(Metzger, 2007)에 따르면, 정보를 평가할 때에는 정확성(accuracy), 권위(authority), 객관성(objectivity), 최신성(currency), 포괄성(coverage)을 평가해야 한다. 정확성은 웹사이트가 오류로부터 자유로운 정도, 오프라인에서의 정보 확인 여부, 그리고 사이트 내 정보의 신뢰성을 의미한다. 권위는 누가 사이트를 작성했는지, 해당 사용자나 조직에 대한 연락처 정보가 제공되었는지, 작성자의 자격 및 소속이 무엇인지, 신뢰할 수 있는 출처가 웹 사이트를 추천했는지를 기록함으로써 평가될 수 있다. 객관성은 사이트의 목적과 제공된 정보가 사실인지

의견인지 식별하는 것을 포함하며, 여기에는 출처의 상업적 의도나 이해 충돌이 있을 수 있는지, 그리고 연결된 정보 출처 간의 관계의 본질을 이해하는 것도 포함된다. 여기서 정보 출처 간의 관계의 본질을 파악한다는 것은 구글(Google) 검색 결과 출력 페이지에서 "후원 링크"의 의미를 알고 있거나 광고성 블로그 글의 의미를 알고 있는 것을 의미한다. 최신성은 정보가 최신 상태인지를 나타내는 평가 기준을, 포괄성은 사이트에서 제공되는 정보의 폭 또는 깊이를 의미한다.

그 외에도 수많은 연구들이 사용자가 정보의 신뢰성 평가에서 고려해야 하는 기준으로 정확성, 권위, 객관성, 최신성, 포괄성 또는 범위(scope)를 언급했다 (Alexander & Tate, 1999; Brandt, 1996; Fritch & Cromwell, 2001; Meola, 2004; Scholz-Crane, 1998; Smith, 1997). 이러한 기준들은 정보 탐색 중 ChatGPT가 제공한 정보들을 판단하는 기준이 될 수 있다. 예를 들어, ChatGPT에게 '코로나19 백신의 효과'에 대해 물었을 때, 사용자는 AI가 제공하는 정보의 정확성(증명된 사실에 기반한 것인가?), 권위(출처는 어디인가?), 최신성(2021년 자료인가 2023년 자료인가?)을 의심하며 판단해야 한다.

형식 평준화 효과

이러한 디지털 환경에서 정보 평가 연구들이 지금까지 계속되고 있는 이유는 온라인상의 정보는 진위를 구별하기 어렵기 때문이다. 디지털 환경의 변화로 인해 수많은 정보가 수많은 출처로부터 쏟아지고 있으며, 누구나 정보 생산자가 될 수 있는 시대가 되었다. 과거에는 대규모로 정보를 생산하고 유통하려면 막대한 비용과 권위 있는 위치, 자본이 필요했지만 디지털 시대에는 누구나 콘텐츠를 올릴 수 있다. 디지털 기술은 정보 생산과 유통을 쉽게 만들었다. 많은 웹사이트가 편집자의 검토나 외부 감독 없이 운영되고, 기존의 출판물과 달리 작성자 정보, 검증된 평판, 전문가 심사와 같은 권위 지표(authority indicator)가 결여되어 있는 경우가 많다. 인터넷에서는 모든 정보가 유사한 형식으로 제시되기 때문에 사용자들은 정보의 형식이 동일하다는 이유만으로 모든 정보와 모든 작성자를 동등하게 신뢰할 수 있다. 이러한 '형식 평준화 효과(leveling effect)'는 인터넷 사용자들의 정보 평가 능력에 혼란을 야기할 수 있다(Burbules, 1998).

인공지능 기술이 발전함에 따라 사용자들의 정보 평가 능력이 도전받고 있다. 이러한 '형식 평준화 효과

(leveling effect)'에 의해 인공지능이 제공하는 정보들을 수용하는 사용자들의 정보 평가 능력이 위협받을 수 있다. 플랫폼들은 정보의 진위를 사용자가 스스로 판단할 수 있도록 다양한 신뢰 평가 단서들을 제공하고 있다. 이러한 상황은 사용자에게 더 많은 정보 평가의 책임을 요구하고 있으며, 이에 따라 정보 판단 능력은 어느 때보다 중요한 역량으로 떠오르고 있다.

한 걸음 더 나아가 목적에 맞는 정보 평가도 중요하다. 도구의 목적을 설정하면 목적을 달성하기 위해 필요한 정보를 평가할 수 있는 다양한 기준들도 함께 설정할 수 있다. 예를 들면, 생산성 향상을 목적으로 AI를 활용하고자 한다면 정확성, 객관성, 시의성을 달성하기 위해 필요한 정보를 판단하는 평가 기준을 설정할 수 있다. 앞으로 목적을 달성하는 데 유효한 정보를 판단하는 기준을 마련하고, 그에 따른 판단 과정을 체계화하는 일이 더욱 중요해질 것으로 예상된다.

디자인 씽킹 중 아이디어 도출과 프로토타입 단계에서는 다양한 아이디어를 평가하고, 기술 도입이 윤리적, 실용적, 그리고 효율적인지 판단할 것이 요구된다. 또한 여러 설루션 중 가치 있는 선택지를 식별하는 비판적 사고 능력, 문제를 효과적으로 해결할 수 있는 설루션을 시각화하고 구체화하는 능력, 즉 문제를 해결할 수 있는 프로토타입을 만들기 위한 구체적인 단계와 방법까지 생각해 낼 수 있는 능력이 필요하다. 여기서 프로토타입이란 사용자 인터페이스의 형태로서 사용자가 직접 조작할 수 있는 도구 형태로 보여 주는 것을 의미하며, 대표적인 사용자 인터페이스를 디자인할 수 있는 환경으로는 피그마(Figma)가 있다. 이러한 도구들을 활용하여 다양한 관점에서 아이디어를 검토하고 판단할 수 있다.

생성형 AI는 유능한 조력자가 될 수 있다. 하지만 그것은 사용자에게 충분한 사전 지식과 정보 판단 능력이 충분할 때에만 가능하다. 따라서 리터러시 훈련의 핵심은 'AI에게 잘 묻는 것'뿐 아니라 'AI의 대답을 잘 판단하는 것'에 있다. 질문하는 힘과 판단하는 힘, 그 두 가지가 AI 시대의 활용 능력을 가르는 결정적 기준이 될 것이다. AI에게 잘 묻는 것은 출발점일 뿐, 'AI의 응답을 어떻게 판단하고 다룰 것인가'가 진짜 역량이다. 디지털 도구를 잘 쓴다는 것은 단순히 빠르게 답을 얻는 것이 아니라 올바른 답을 식별하고 사용하는 데 달려 있다.

참고문헌

Alexander, J. & Tate, M.(1999). *Web wisdom: How to evaluate and create information quality on the Web.* Lawrence Erlbaum Associates.

Brandt, D.(1996). Evaluating information on the Internet. *Computers in Libraries*, 16, pp.44~46.

Burbules, N.(1998). Rhetorics of the Web: Hyperreading and critical literacy. *Page to Screen: Taking literacy into the Electronic Era.* In Snyder, I.(ed.), pp.102~122. Routledge.

Fritch, J. & Cromwell, R.(2001). Evaluating Internet resources: Identity, affiliation, and cognitive authority in a networked world. *Journal of the American Society for Information Science and Technology, 52*(6), pp.499~507.

Ji, Z. et al.(2023). Survey of hallucination in natural language generation. *ACM Computing Surveys, 55*(12), pp.1~38.

Maynez, J. et al.(2020). On faithfulness and factuality in abstractive summarization. arXiv.

Meola, M.(2004). Chucking the checklist: A contextual approach to teaching undergraduates Web-site evaluation. *Libraries and the Academy, 4*(3), pp.331~344.

Metzger, M.(2007). Making sense of credibility on the Web: Models for evaluating online information and recommendations for future research. *Journal of the American Society for Information Science and Technology, 58*(13), pp.2078~2091.

Scholz-Crane, A.(1998). Evaluating the future: A preliminary study of the process of how undergraduate students evaluate Web sources. *Reference Services Review, 26*(3/4), pp.53~60.

Smith, A.(1997). Testing the surf: Criteria for evaluating Internet information resources. *Public-Access Computer Systems Review, 8*(3), pp.1~14.

10
적용하기

적용은 판단을 넘어 실제 행동과 실천으로 이어지는 과정이다. 생성형 인공지능의 결과물을 일상에서 어떻게 활용할 수 있는지는 사용자의 목적, 상황, 맥락에 따라 달라진다. 디지털 도구를 잘 쓰기 위해서는 지식을 활용 가능한 형태로 전환하는 능력이 필요하다. 앞으로 AI 기술을 삶에 적용하기 위해 필요한 사전 지식과 실행 역량을 함께 갖춰 나가야 한다.

종교와 AI?

정보 활용

여기까지 책을 읽어 온 독자라면 인공지능을 바라보는 다양한 관점을 경험했을 것이다. 이 장은 그 통찰들을 바탕으로 실제 '적용' 지점에서 어떻게 실행해 볼 수 있을지를 안내한다. 이제 독자들은 인공지능에 대한 사전 지식을 구성하기 시작했다. 이러한 통찰의 마지막은, 이 책을 다 읽은 다음 인공지능 기술 도입과 활용을 시작하는 출발점이 되기를 바라며 '사전 지식 적용하기'에 대한 내용으로 준비되어 있다.

정보 획득 과정 중 '적용하기' 단계에서는 정보 처리, 이용과 활용이 중요하다. 정보 처리 및 이용 단계에서 인간은 단순한 요약이 아닌 수집된 정보를 해석하고 재구성한다. 또한, 인간은 기존의 사전 지식과 연결하여 내면화, 즉 정보 간의 논리적 관계를 파악하고, 지식 구조로 통합한다. 따라서 정보는 받아들이는 것이 아니라 만들어지는 것이며, 정보 활용은 단순 복사와 붙여 넣기가 아니라 인지적 통합의 행위다. 인간은 정보를 재해석하고 자신의 정보 구조에 넣을 때 실제 이해가 발생한다.

게다가 정보 활용 단계에서 인간은 정보를 바탕으로 의사 결정, 문제 해결을 수행할 수 있으며, 정보를 실험, 실행, 글쓰기, 창작 등 행동으로 전환할 수 있다. 정보 활용에서는 적용, 창출, 그리고 공유와 같은 행위가 발생할 수 있다. 여기에서도 질문하는 존재라면 "이 정보를 가지고 내가 무엇을 할 수 있는가?" 하고 질문할 수 있다. 정보 활용은 단순히 "정보를 갖고 있는 것"이 아니라 문맥에 맞게 작동시키는 것으로 정보는 문제를 해결하는 수단으로서 가치를 가진다. 기술을 다루는 모든 영역에서 인간 중심적 관점으로 '정보를 어떻게 활용할 것인가'에 대한 맥락 인식이 점점 더 중요해지고 있다.

'적용하기' 단계와 연계하여 실험과 실행이라는 디자인 씽킹 단계를 거칠 수 있다. 이 단계들은 아이디어를 현실에 적용하며 프로토타입을 반복적으로 개선하는 실행력 중심 단계로 실제 상황에 AI를 접목하여 실행 가능성과 사용성을 시험할 수 있다. 스탠포드 디자인 학교는 "만들고 생각하라(Build to Think)"를 강조하며 작게 만들어 빨리 적용하고, 결과를 보고 다시 개선하기를 권한다. 일단 만들고 생각하라는 슬로건에서 알 수 있듯이 행동으로 옮기는 실행력을 강조한다. 인공지능 기술을 도입하는 상황을 가정하여 이야기하면 챗봇 도입 시, 파일럿 테스트를 먼저 수행하고 피드백을 수집하여 답변 정확도를 개선하는 방식으로 적용할 수 있다. 또한, 수요 예측 AI 설루션을 개발하는 경우에는 소규모 매장에 먼저 적용하고 실적 분석을 통해 결정을 확장하는 방식으로 적용할 수 있다.

AI 기술을 삶에 적용하는 데 필요한 사전 지식을 찾아가는 새로운 숙제가 생겼다. HCI와 HAI를 연구하는 학계에서는 과학적 지식을, 인공지능을 도입하는 산업에서는 실무적 지식을 쌓아 가게 될 것으로 기대된다. 각자의 위치에서 쌓은 사전 지식을 정리하고 공유함으로써 올바른 합의점을 찾아내고 위험을 예방하고 관리할 수 있기를 바란다.

결국에 인간은 정보 검색 능력과 정보 활용 능력을 갖춰야 하며, 사전 지식을 구성하는 것을 넘어서 사전 지식을 활용하는 것이 필수적이다. 사전 지식이 존재하는 것(availability)과 그것이 실제로 접근 가능하고 활용되는 것(accessibility and use)은 다르다(Brod et al., 2013). 인공지능의 등장이 인간과 인공지능과의 대결처럼 묘사되기도 했지만 이는 인간의 지적 능력을 마음껏 발휘할 수 있는 도구를 발견한 것이기도 하다.

인공지능이 지닌 잠재력에 대한 평가는 다양하다. 하지만 HCI의 가장 근본적인 전제로서 인간 중심적인 도구 활용에 집중해 보자. 우리는 세상에 긍정적인 영향을 줄 수도 부정적인 영향을 줄 수도 있는 도구를 손에 쥐고 있다. 결국 결과는 인공지능을 활용하는 사용자에게 달려 있다. 불확실성 앞에서 이 책을 읽고 있는 독자들이 자신을 믿고 타인을 믿으며 의미 있는 결정을 내릴 수 있는 주체로서 미래로 나아갈 수 있기를 소망한다.

참고문헌

Brod, G. et al.(2013). The influence of prior knowledge on memory: A developmental cognitive neuroscience perspective. *Frontiers in Behavioral Neuroscience*, 7, p.139.

남정우

성균관대학교 소프트웨어융합대학 인간-AI인터랙션전공 박사과정을 수료했다. 플로리다대학교에서 방문학자로 연구를 수행했다(2024~2025). “Platformization of Taxi-Hailing Services: Reducing Information Asymmetry by Examining Consumer Preferences from the Cognitive Fit Perspective”(2024), “When, What, and How Should Generative Artificial Intelligence Explain to Users?”(2024)를 포함한 5편 이상의 논문을 SCI, SSCI, SCOPUS 등재 국제학술지에 게재했다. 주요 연구 분야는 HAI, HCI, 그리고 사용자 경험이다.